Seu Ego ou Sua Alma

Quem Irá Embarcar na Estação dos Milagres?

Roseana Ribeiro

Seu Ego ou Sua Alma

Quem Irá Embarcar na Estação dos Milagres?

Copyright © 2024 by Roseana Ribeiro

Autora: **Roseana Ribeiro**

Edição e Coordenação Editorial: **João Abreu**

Capa: **Caio Martello e Wagner Trece**

Ilustrações: **Flavio Pessoa**

Revisão: **Gabriela Baumam**

Diagramação: **Rodrigo Cairo**

Todos os direitos reservados e protegidos pela Lei n° 9.610, de 19/02/1998.

É expressamente proibida a reprodução total ou parcial deste livro por quaisquer meios (eletrônicos, mecânicos, fotográficos, gravação e outros), sem prévia autorização por escrito da editora.

Primeira edição, 2024

Dados Internacionais de Catalogação na Publicação (CIP)
(eDOC BRASIL, Belo Horizonte/MG)

R484s

Ribeiro, Roseana, 1957-.
Seu ego ou sua alma: quem irá embarcar na estação dos milagres? / Roseana Ribeiro. – Rio de Janeiro, RJ: Livraria Insight, 2024.
14 x 21 cm

Inclui bibliografia
ISBN 978-65-992875-6-5

1. Desenvolvimento pessoal. 2. Motivação. 3. Psicologia.
I. Título.

CDD 158.1

Elaborado por Maurício Amormino Júnior – CRB6/2422

Sumário

Agradecimentos 9

Apresentação. 13

Prefácio 19

Introdução 23

Capítulo 1. No mundo dos acontecimentos não basta respirar. . . . 31

Capítulo 2. Parar na hora que quiser . . 35

Capítulo 3. Tomada por sobressaltos. . 43

Capítulo 4. Só abrir em lugar seguro . . 47

Capítulo 5. Do beco dos desiludidos até o campo da percepção 53

Capítulo 6. O espaço íntimo de cada um . 61

Capítulo 7. A vontade empenada. . . . 65

Capítulo 8. Crenças cravadas na alma . 69

Capítulo 9. E o perdão?. 75

Capítulo 10. ATENÇÃO!. 79

Capítulo 11. Simples e assustador. 95

Capítulo 12. Alívio do desprazer 101

Capítulo 13. Ninguém conhece mais sobre a sua vida do que você 105

Capítulo 14. Uma boa viagem pelo caminho das atitudes. 113

Capítulo 15. Escravos do hábito 123

Capítulo 16. Fé 127

Capítulo 17. Dar tempo ao tempo . . . 131

Capítulo 18. Valores enraizados em nós . 139

Capítulo 19. Imaginariamente, acrescentava, em mim, o que sentia 147

Capítulo 20. O primeiro impulso é o do coração e, depois, o da razão 153

Capítulo 21. O saco das emoções. . . . 161

Capítulo 22. Você pode mudar sua vida mudando a maneira como pensa sobre ela 169

Capítulo 23. A vida não é para ser justa   173

Capítulo 24. O ego e a alma 177

Capítulo 25. Dar leveza à nossa dor . . 183

Referências bibliográficas 189

Agradecimentos

Agradeço a todos, sem exceção, que passaram em minha vida e que, de um modo ou outro, me ajudaram a ser quem sou.

Marisa Ribeiro, minha psicóloga amada, que tem meu sobrenome, não tem parentesco, e tem sido uma testemunha amiga de todos os dias.

Carol, que se dedicou incansavelmente para que todas as etapas necessárias à publicação deste trabalho acontecessem, e Julia, dois anjinhos que Deus colocou em minha vida, e que abracei como se tivessem saído de mim, sempre presentes.

Sem dúvida, agradeço ao meu pai, Alfio Ponzi, que me fortaleceu todos os dias em que esteve aqui entre nós. Ensinou-me que sonhar era sinônimo de descansar, além de ser a melhor maneira de sobreviver aos momentos difíceis. Mostrou-me que o sonho seria só meu, era de graça e que eu poderia recorrer a ele sempre que quisesse. Amou-me incondicionalmente. Meu melhor amigo.

Minha mãe, que mesmo envolvida com quatro filhos em idades diferentes demais, conseguiu me olhar, acreditou em mim e serenamente assistiu e cuidou do tempo das minhas primeiras apresentações orais. Minha grande incentivadora, meu colo eterno, meu amor conquistado.

Meus sobrinhos Ale, Karla, Aline e Alfio Neto, que sempre estiveram ao meu lado. Minha amada prima Giana, que faz parte dos grandes e pequenos momentos em família, regados ao melhor café recheado de amor.

Meus irmãos, Ana Rosa, que escutou pacientemente a leitura do esqueleto deste livro, Monica, que, com muita amizade e cuidado, acreditou em mim sem reservas, regou minha alma com as boas conversas de domingo, e, em especial, Alfio, que insistentemente a cada encontro perguntava quando eu publicaria esta história.

Meus cunhados Margareth e KK, um irmão amigo de todas as horas. Meus filhos são meus amigos, confidentes, meus companheiros que, perto ou longe, nunca me abandonaram. Sábios, respeitosos, silenciosamente conseguiram assistir, impotentes, momentos frágeis da minha caminhada, prontos para me acudir. Comemoram com muita alegria todos os bons momentos da minha vida. Melissa, que, mesmo com a vida atribulada morando fora do Brasil, três filhos e muito trabalho, sempre me incentivou e se preocupou em dar a sua opinião, Rafael, que quase publicou o livro à revelia, sem sua força e incentivo, este trabalho não teria saído do forno; meu genro Diogo, amigo solidário de todas as horas; minha nora Luciana, amiga e companheira sempre que necessário. Meus netos Duda, Thomas, Léo e Ana Beatriz, que está a caminho, alegria dos meus dias e minha semente de esperança no amanhã. São um pedaço de mim. Sem eles, nada aconteceria.

Enfim, não consigo nomear um a um para não ter que escrever outro livro só de agradecimentos. Carrego o meu coração lotado de gratidão, pois sei que este percurso até aqui não teria sido possível sem cada sorriso, olhar e gesto, mesmo que distantes.

Apresentação

Desde muito menina, me inquietava, observando semelhanças e diferenças entre pessoas. Como eu podia ter mais três irmãos dos mesmos pais e ser tão diferente? O que nos unia? No Direito, eu encontrei a resposta para as grandes injustiças e, algumas vezes, concluí que, diante de provas contundentes, o certo mesmo seria lançar mão da lei de Talião. "Olho por olho, dente por dente." Mas como confiar nas provas?

Foi na Psicologia que aprendi a caminhar por labirintos intermináveis com prazer. Entendi que a riqueza da nossa alma é indiscutivelmente preciosa.

No Manicômio Judiciário Henrique Roxo, aprendi sobre os subterrâneos da lei. Aprendi o alcoolismo como doença na clínica Contexto, uma das poucas clínicas que ensinavam sobre dependência química à época. A clínica colecionava excelentes profissionais que lá passavam para validar seus conhecimentos. Atualmente a sociedade foi dissolvida e hoje são Contexto e Evolução. No entanto, conhecimento e técnica, a meu ver, precisavam sempre de constatação. Em Vila Serena, entrei numa imersão para profissionais que trabalhavam com dependência química. Tratava-se de um grupo de 12 passos, para neuróticos, como o AA (Alcoólicos Anônimos). Senti na pele o cheiro da minha alma e percebi a pequenez de um ego desnudado. Vi a importância de ser humana.

Na Santa Casa de Misericórdia, atendia pacientes e familiares alcoolistas. Foi quando despertei para a importância do amor acima da técnica e fui buscar a melhor estrada para alcançar as mudanças.

Em 1999, no Novo México, me tornei treinadora de Entrevista Motivacional, abordagem inquestionável, quando se trata de mudança. Lá estava eu com William Miller, Carolina Yahne, Theresa Moyers e Kathleen Jackson.

No Conselho Estadual Antidrogas, pude

conferir cada molécula do que aprendi. Eram centenas de pacientes entrando e saindo de lá diariamente. Concluí que a vida não tem que ser justa. Vida é apenas vida e exige mudança. Cabe a cada um de nós buscar o melhor caminho sem pesar a dor. Entendi que a vida é hoje, que o certo é viver um dia de cada vez.

Além das especializações, anualmente, frequento eventos de atualizações em dependência química, em Harvard, pois sempre há o que aprender. O novo está no ar. As atualizações em Entrevista Motivacional ocorrem em diversos lugares do planeta e cada dia contam com mais profissionais de diversas especialidades.

Em razão do trabalho com pacientes em sofrimento, difíceis e arredios, não posso deixar de citar o encontro e aprendizado obtido com Monty Roberts, no International Learning Center, em Flag is Up Farms, Califórnia. Com Monty, ficou mais do que consolidada a tese que afirma que violência jamais será a solução em casos de motivação para mudança.

Para compreender o porquê de uns serem mais resilientes do que outros, passei a frequentar encontros sobre resiliência e estilo de vida com o Dr. Henri Benson, no Massachusetts General Hospital, e, a partir dali, tornei-me frequentadora assídua dos encontros sobre Mindfulness, com Jon Kabat-Zinn, em Ômega Center, e Thich Nhat Hanh, em Harvard.

Foi o desejo de escutar pessoalmente o Dr. Mihaly Csikszentmihalyi, cujos trabalhos sobre a descoberta do fluxo e da felicidade abriram as portas para um mundo inimaginável dentro de mim, que me levou até a Pensilvânia. No mesmo encontro, embevecida, escutei o trabalho apresentado pelo Dr. Richard Davidson, que me despertou o interesse pelos encontros com Sua Santidade Dalai Lama, promovidos pelo Mind and Life, uma fundação que tem por missão principal reunir a ciência e a sabedoria do mundo contemplativo para uma melhor compreensão da mente e criar mudanças positivas no mundo.

Enfim, descobri o prazer pelo desconhecido, o caminho livre e interminável do conhecimento do mundo do outro e do meu mundo. E espero manter viva, um dia de cada vez, essa chama que me move.

Prefácio

Estação dos Milagres é como chamo o lugar onde chegam pessoas que querem mudar. Mudar porque não conseguem mais conviver com o comportamento a que estavam habituados, porque a vida mudou e é necessário reinventar-se, porque o comportamento atual já não combina mais com a pessoa que são ou querem ser.

Mudar seria fácil se fosse simples, se não envolvesse ter que lidar com o medo e a necessidade da aceitação do mundo fora de nós, do outro e até de nós mesmos. É disso que trato aqui.

Neste livro, percorro as razões e os recursos internos que possuímos para mudar e que pouco utilizamos. Sigo um passo a passo, que pode não só facilitar a autodescoberta, como também nos encorajar a penetrar no submundo dos nossos sentimentos. Só assim podemos estabelecer as mudanças necessárias, desejadas ou não, que, por vezes, são indispensáveis para a nossa vida.

Eu poderia dizer que essa leitura é um guia para qualquer pessoa que, em algum momento, sente a necessidade de mudar, de recomeçar, de ter uma nova chance. No entanto, acima de qualquer propósito está a ideia de ser uma boa companhia no caminho de qualquer mudança ou decisão pretendida.

Este livro é também uma fonte de inspiração e força para os profissionais que vivenciam o milagre do processo de mudança todos os dias em seus consultórios.

Aqui eu conduzo o leitor na direção de uma vida mais leve, ao mesmo tempo em que aponto para a insegurança que naturalmente reside no mundo desejado. Guio pelo caminho que é necessário e que passa, sim, pelo medo do desconhecido e do novo.

Embora tenha como base conceitos estabelecidos pela ciência e teorias de estudiosos da área da mudança, busco uma linguagem simples e relato algumas histórias, episódios que ocorreram na vida dos personagens fictícios, que passaram pela estação e realizaram verdadeiros "milagres". Afinal, para os não religiosos, o que seria um milagre propriamente dito?

Escrevi este livro com o pensamento focado no autoconhecimento. Busquei a simplicidade e o desprendimento para facilitar a leitura e, ao mesmo tempo, proporcionar um passeio por nossa alma e pensamentos. O que realmente busco é ajudar o leitor a percorrer o caminho do novo e pensar sobre o mundo de possibilidades que essa estrada pode nos proporcionar.

Aqui, faço um convite para enveredarmos, juntos, por nosso lado verdadeiramente humano e profundo, com sabor de bom humor e liberdade.

E, se você chegou até aqui, imagino que também queira entrar neste trem. Bem-vindo à Estação dos Milagres e boa viagem!

Introdução

Minha vida profissional e pessoal tem sido norteada pelo aprendizado diário no convívio com pessoas que necessitam despertar a motivação para mudar.

Normalmente, essa mudança torna-se necessária porque o comportamento que inicialmente era agradável, sorrateiramente, torna-se indispensável, prejudicial, ou já não é adequado ao novo estilo de vida. Na realidade, os hábitos tornaram-se uma maneira de viver, ao mesmo tempo em que nos escravizaram. E agora? Como abrir mão de algo, inicialmente, tão precioso?

Nessa jornada cheia de percalços, percebo que, para que a mudança aconteça, ativar a motivação é a solução. No entanto, quando tratamos das questões relacionadas à nossa vida, nem sempre saber a solução resolve a questão!

Quantos de nós engatamos num comportamento inadequado, mesmo sabendo que não nos faz bem? Seria uma maravilha se diabéticos em tratamento não se empapuçassem de doces. Se obesos, em tratamento para emagrecer, não se alimentassem além do combinado.

Quantos se mantêm em situações que causam sofrimento e não conseguem, ao menos, vislumbrar a mínima possibilidade de mudar?

E se a pessoa que escolhemos para seguir conosco até o fim de nossos dias tornou-se desagradável ao convívio diário? Como abrir mão da certeza de ter uma companhia, sem o medo da solidão?

E o que dizer sobre aqueles que suportam as exigências de um trabalho tenso, cheio de contratempos, porque a remuneração é perfeita, não para si, mas para o estilo de vida desejado pela família?

"De cara", percebi que, para iniciar esta jornada, teríamos que saber qual estrada tomar. Ter a certeza de que, mesmo pequenas e quase imperceptíveis, haverá barreiras para ultrapassar.

O ser humano, com a pressa imposta pela

vida moderna, está muito condicionado a só perceber obstáculos externos. Muitos obedecem a pensamentos aleatórios como autômatos, como se não tivessem domínio sobre a própria vontade. Nem sequer entram em contato com os sentimentos. Quando, na realidade, o obstáculo pode estar em nossos pensamentos e sentimentos.

Há casos de pessoas incríveis, que se abstiveram do cigarro ou da bebida por algum tempo e, em situações de conflito, muitas vezes, paralisaram ou, inesperadamente, se viram com o cigarro ou o copo na mão, sem entenderem o porquê, ou o que engatilhou tal situação. Levianamente, acreditam ser escravos da preguiça ou da maldita procrastinação. Nós nos rotulamos. Que loucura! Quanta rigidez! Somos melhores que isso.

Compreender o que se passa dentro de nós, a partir do que sentimos, tem se mostrado o melhor caminho para iniciarmos a tão desejada e, ao mesmo tempo, temida mudança.

Aparentemente, tudo é muito bonito quando falamos, mas a estrada não é tão simples assim. É necessário que estejamos preparados e aptos a reconhecer o sentimento que nos invade, quando somos surpreendidos pela necessidade de mudar. Conhecer o que e os porquês que nos movem.

Quantas oportunidades são perdidas por não sabermos identificar o que precisamos, de acordo com quem somos ou com quem queremos ser?

Entendi que, para fazer uma expedição em busca de nós mesmos, é necessário que estejamos disponíveis para remexer, pesquisar e compartilhar o que sentimos. Precisamos nos desprender da autocrítica imposta pelo ego e deixar fluir. Querer é um dos requisitos necessários para se conquistar qualquer coisa. Precisamos estar interessados no resultado.

Porém, nada disso acontece se não estivermos, genuinamente, motivados. Mesmo assim, estar motivado não exclui a necessidade de se atentar para as ciladas, que são parte integrante do percurso em busca de nós.

A cilada número um é a flutuação da motivação. Há momentos em que "é pegar ou largar". É como se estivéssemos numa estação, ansiosos, esperando a hora de pegar o trem. Famintos, entramos na fila para comprar um delicioso sanduíche. Repentinamente, escutamos que o trem vai partir. Instantaneamente, toda a ansiedade de pegar o trem e chegar em casa mais cedo é trocada pelo desejo de dar a primeira mordida no sanduíche. O trem dá a partida, você dá a primeira mordida e... logo se dá conta de que perdeu aquele trem e que, por isto, terá que trocar o horário, o bilhete... agora, terá que esperar o próximo. De um minuto para o outro, tudo muda.

Pior é que, mesmo quando estamos genuinamente motivados, um segundo de dúvida pode nos atrapalhar. A motivação flutua, tenha certeza disso.

Induzir, seduzir ou impor caminham na contramão da mudança. Mais importante ainda é saber que estar apenas motivado não é garantia de mudança. É preciso saber: está motivado para quê? Por quê? Só a verdadeira motivação, aquela que é extraída de dentro de nós, baseada nos nossos valores e sentimentos, tem poder para nos impulsionar. Não há como manter a motivação se desconhecemos, ou não reconhecemos, os sentimentos que surgem em nós. A situação do trem, citada anteriormente, nos mostra que, mesmo motivados durante o processo de mudança, podemos encontrar barreiras. Mas como removê-las? Concluí que a chave mestra para remover essas barreiras era aprender a reconhecer e lidar com os sentimentos. Dar atenção especial aos sentimentos que interferem, diretamente, na busca da meta que estabelecemos incialmente. A cada alvo, observar cuidadosamente o novo sentimento, para compreendê-lo e não permitir que interfira nos pensamentos para alcançá-lo.

Diante de tal evidência, reconheci que precisava de uma ferramenta eficiente para ajudar os passageiros com destino à Estação dos

Milagres. Uma ferramenta para promover o mergulho nos sentimentos, incitar o autoconhecimento e, ao mesmo tempo, auxiliar o caminho para a mudança.

Capítulo 1.
No mundo dos acontecimentos não basta respirar

Tudo começou quando despertei na Estação dos Milagres. Ali, aprendi que, para viver, não basta respirar. Senti que precisava de algo maior. Cada encontro com o sofrimento, a alegria, a esperança dos desesperançados, era uma viagem. Enfim, percebi que, sem nos dar conta daquilo que sentimos, tudo pode acontecer. No mundo dos acontecimentos, não há limites. Mas como penetrar num mundo onde as pessoas não sabiam nem quem eram, o que queriam e, muito menos, o que sentiam?

Na Estação dos Milagres, a voz pede ajuda e o olhar pergunta: "Qual é o caminho?". De que adianta dar a minha direção, sem saber que direção cada um pode e quer seguir? Sabia que a jornada seria longa e sofrida, mas precisava confiar.

A cada encontro, aprendia sobre o universo desconhecido do outro para, juntos, procurarmos a chave do caminho. Numa mão, eu levava a lanterna e, na outra, segurava a mão daquele que era o único que poderia mostrar a direção.

No mundo dos acontecimentos não basta respirar

Para alguns que nos assistiam trabalhar na estação, ávidos pelas respostas, tudo não passava de utopia.

— Isso é devaneio! — diziam.

As horas, que, para uns, eram intermináveis, para nós, envolvidos em traçar a direção mais adequada para cada passageiro, voavam. Era um verdadeiro entra e sai da estação, e a minha meta era que todos que ali chegassem, saíssem, ao menos, com uma senha. Mas que senha? Senha para quê?

A senha representava uma semente plantada. A ideia era que cada um soubesse que podia voltar.

Sempre chegava à estação com o mesmo pensamento: *plantar a semente para que eles queiram voltar.* Até que entendi que eu era nada – ou muito pouco – para tamanha façanha... Então, me acalmava, pensando: "*Um dia de cada vez!*".

Capítulo 2.
Parar na hora que quiser

Era o meu primeiro passageiro, digo, cliente do dia. Lindo, jovem, com olhos desiludidos. Os cílios longos se levantavam na direção da mãe. Magra, uma jovem bem gasta pelo sofrimento, cabelo pintado pela metade e um celular do último tipo. Ele girava o pescoço na direção da mãe e baixava a cabeça. Segundo ele, tinha pena dela:

— *Ela está maluca! É só por isso que eu estou aqui.*

Ele já não acreditava em mais nada. Não tinha forças para parar de roubar, mentir, pular muros, correr, fugir. Como ele mesmo falou:

— *Agora, só dá tempo de fugir de mim, doutora.* Ela — olhando para a mãe —*já não pode fazer mais nada.*

— Pois é, doutora — disse a mãe — *Eu vou usar este pó (referindo-se à cocaína) para ver o que ele sente. Eu preciso mostrar para ele que tudo só depende dele. Eu vou usar e parar na hora que eu quiser.*

Grande engano, pensei.

Foi só então que senti o tamanho da

impotência que me invadia. Ali, naquele instante, entendi que o que existia ali dentro era muito mais que uma doença. Era um saco de sentimentos antagônicos, que pipocavam em fração de segundos, numa intensidade incontrolável! Era uma dificuldade interminável para expressar com palavras o que sentiam. Seu único argumento era agir. Eles agiam, a todo instante, para ameaçar, expressar, provar ou manter o ponto de vista.

Percebi que de nada adiantava ser uma boa técnica, se não me envolvesse naquele trabalho. Nada, realmente, aconteceria, se não usasse, além da técnica e do respeito, a criatividade. Para que o trabalho realmente acontecesse, era necessário entrar na estação e acreditar.

Cada um era entrevistado individualmente. A sala, com pé-direito altíssimo, um buraco no teto de gesso, o carpete sujo pelo tempo, as paredes retocadas, metros de altura de janela de ferro em forma de basculante e frestas nos vidros rachados. Naquele instante, as palavras já não podiam ser ouvidas. Era uma enxurrada de sentimentos que transbordavam naquela sala. Apenas o olhar vagueava pelas paredes. Era hora de convidar o provável passageiro para um breve olhar na "terra prometida". Mas que terra era essa?

Ali na nossa frente estava a terra da fé. Pedia que o cliente levantasse e, juntos, nos dirigíamos para aquela janela de ferro e vidro gigantesca. Pela fresta, víamos uma árvore alta e solitária, no formato de *ikebana* gigante. O céu sempre lá a nos ameaçar. Sim, ameaçar, porque para alguns que estavam ali na estação, o comportamento presente era prenúncio de morte. O sol aquecia a nossa alma, e o verde lá distante apontava para a vida. Era assim que falávamos sobre fé. Então, de pé, assistíamos à vida, representada pela natureza. Aquela alma, que alguns diziam não ter mais chance, após alguns minutos, começava a vislumbrar a possibilidade de viver. Respirávamos juntos, sentindo a liberdade que havia do lado de fora. Surpreendentemente, na minha frente, havia um milagre. Naquele olhar que, inicialmente, me dava adeus, lentamente, surgia um longínquo brilho de esperança.

Na teoria, quase tudo seria simples. No entanto, percebia que, naquela estação, era necessário estar atenta em dois sentidos, afinal, ali estavam almas solitárias correndo perigo. Percebo que não posso me deixar levar pelo sentimento que a solidão neles exala. É dor, dissabor, desespero, medo. É fome de proteção, excesso de amor, que transborda por todos os poros. É vida pedindo estalagem!

Meu papel principal, na estação, era recepcioná-los da melhor forma possível. Com respeito, disponibilidade e compaixão. Só assim se permitiriam – e me permitiriam – guiá-los. Ao mesmo tempo em que os dirigia para a vida que desejavam, compartilhava as emoções e novidades que poderiam ser encontradas.

Não era simples fazer "cara de paisagem" quando me via perdida numa avalanche de emoções antagônicas, que surgiam repentinamente, numa força avassaladora. A intensidade das emoções era tamanha que arrancava o provável passageiro (cliente) violentamente do foco. Novamente, em fração de segundos, estavam perdidos. Já não sabiam aonde ir e, muito menos, o que faziam ali.

Quando eram atropelados pela própria emoção, isentavam-se, outra vez, da responsabilidade sobre suas vidas. Num ato reflexo, faziam do outro alvo do desabafo. Todo o peso de suas frustrações era despejado indiscriminadamente. Havia um grande desperdício de energia, com o intuito de ocultar de si a impotência que os esmagava.

Como se não bastasse, quando estavam prontos para alcançar a meta – por eles mesmos estabelecida – paralisavam. E aí, o que fazer?

Naquele saguão, lotado de prováveis passageiros, a maioria perdida, sem ao menos saber o que fazia ali, percebi que nada aconteceria se não os ajudasse a lidar com a inevitável visita da emoção. Eu me torturava, perguntando: "O que posso fazer para facilitar o acesso direto às emoções?".

O acesso teria que acontecer naturalmente. Seria necessário construir um canal para que todas as informações obtidas, naquele momento, sobre cada sentimento, fossem internalizadas (introjetadas). Foi a partir daí que surgiu a ideia de montar um jogo.

Ao longo dos atendimentos iniciais, era citada uma enormidade de situações. No entanto, eu quase não escutava sentimentos. Quando algo assim acontecia, surgia em forma de emoção. Fui observando aquilo durante cada dia e verifiquei que as emoções se repetiam. As emoções básicas eram sempre as mesmas. Raiva, medo, tristeza. Quando pedia que discorressem um pouco sobre o que sentiam, a resposta vinha travada. Era incrível! A explicação era silenciosa, apenas olhos e braços em movimento "falavam". Os lábios contraíam-se, e nenhuma explicação que fizesse sentido era expressada.

Nada conseguiam verbalizar.

    Meu trabalho ali não era meramente diagnosticar e encaminhar. Cada encontro era muito importante. Diante de mim, havia alguém tão perdido e desesperançado, que o menor sinal de descaso seria encarado como total fracasso. Eles teriam que passar por ali e sentir que algo novo havia surgido. Era necessário criar um desconforto confortável o suficiente para que os fizesse pensar em querer voltar.

Capítulo 3.
Tomada por sobressaltos

SEU EGO OU SUA ALMA

"Nossa visão de mundo é formada pelo que decidimos ouvir." (William James)

Na Estação dos Milagres, o bilhete para a vida nova, realmente, existia. Estava em nossas mãos. *Fifty-fifty*! Cinquenta por cento do sucesso do tratamento dependia de mim e os outros cinquenta por cento, do cliente. A questão central era: como motivar os clientes a manterem a direção?

Em cada encontro, os acontecimentos marcantes da semana eram relatados, mesclados com um papo aparentemente "sem pé nem cabeça", para que, sem controle, os sentimentos pudessem apenas surgir. A partir daí, nossa entrada no mundo dos sentimentos acontecia. Recolhia um a um na memória e, cada vez que os devolvia, a conversa ficava tomada por sobressaltos.

Os significados! As palavras eram colocadas, mas o significado era outro, quando não inexistente.

Adotei, então, ter um dicionário na sala

Tomada por sobressaltos

dos atendimentos. Chegava a ser cômico, se não fosse triste, a reação de cada um ao entender o verdadeiro significado do que realmente sentia. Selecionar os sentimentos ainda não era suficiente. O desafio era ainda maior. Precisava descobrir como poderíamos dar vida àqueles sentimentos, que tinham nome, porém quase nada tinham de significado.

Capítulo 4.
Só abrir em lugar seguro

"Nossos sentidos terão igualmente necessidade de educação — não, certamente, para se conciliarem com as coisas, mas para se porem de acordo entre si."

(Henri Bergson)

Enquanto percorria o mundo dos sentidos, sem mistério tudo era explicado. Visão, olfato, audição, tato e paladar eram naturalmente descortinados um pelo outro.

Entretanto, algo mágico acontecia e ultrapassava as explicações básicas. Não há o que discutir, é fato: cada um que chegava à estação era movido por estímulos externos e internos, óbvio! No entanto, eram apenas corpos em movimento, estimulados pelas células dos músculos. Caminhavam, mas o movimento era quase automático, um ato reflexo. Era triste perceber que, naquele estado, os sentidos eram "simples" receptores de estímulos, nada mais.

O tato era apenas o toque em algo. Tocar numa pedra ou numa pele macia tinha o mesmo efeito. As sensações prazerosas ou de repulsa, sobre quem ou o que tocavam, simplesmente

Só abrir em lugar seguro

não existiam. Eram apenas corpos que carregavam um ego destroçado e uma alma adormecida de exaustão.

Onde estava a emoção? E os sentimentos? Chegavam com um desconforto insuportável, mas não sabiam distinguir um do outro. Se era fome ou dor... O que aparentava ser simples, de simples não tinha nada.

Quando confiamos apenas nos nossos sentidos, nossa tendência é não questionar! Nada sentir. Tudo passa a ser processado automaticamente. Era o que eu via naqueles que chegavam naquele lugar. **Então, me questionava: "De que adianta a capacidade de sentir, se não tivermos interesse pelo que sentimos? Onde foi parar a capacidade de receber e perceber os estímulos?".** Ali estava a fatia da população contaminada pela apatia, **envolta numa nuvem cinza!**

Via, em muitos que na estação chegavam, o maior exemplo do que acontece com a vida quando nos afastamos do que sentimos.

Eram pessoas estressadas, as sensações embaralhadas. Chegavam envoltos numa teia de pensamentos, afetados por uma série de acontecimentos desconexos. Nada fazia sentido. Era como se nos entregassem uma maleta lotada de parafusos, roupas íntimas e um frasco enorme, hermeticamente fechado. No rótulo, colada uma etiqueta velha, amarelada, escrita a palavra "LÁGRIMAS". E, em negrito, o aviso: Só abrir em lugar seguro.

Só abrir em lugar seguro

Como seria nossa vida sem a percepção do que sentimos? Para que serviria o tato, se não pudéssemos perceber a dor, o frio, o calor e, o mais importante, nos remeter a afagos agradáveis de uma infância vivida? Mais ainda, saber o que sentimos pelo dono da mão que nos afaga? Para que romancear, nomear sentimentos, compreender os sentidos, se tudo não passava de reflexo? Afinal, eram corpos, apenas corpos, movidos por células sensoriais, que apenas informavam sobre os movimentos e sua posição no espaço. Com que finalidade?

Capítulo 5.
Do beco dos desiludidos até o campo da percepção

É importante ressaltar que a estação era muito procurada pelos que, em busca do prazer, ou do alívio do desprazer, se encurralaram no beco dos desiludidos.

Embora os prováveis passageiros chegassem em sua maioria caminhando com as próprias pernas, muitos eram desprovidos da percepção de si mesmos. Não tinham a dimensão verdadeira do que faziam, muito menos do que sentiam. Carregavam um desconforto tão insuportável, que se diziam anestesiados.

Como abordar um ser que está na contramão da vida, ausente? Para que tenhamos sensibilidade aos estímulos, é necessário ter os órgãos dos sentidos em condições. Como alguém com a visão descuidada consegue enxergar realmente o que vê? O que dizer de um paladar viciado, uma visão turva, mãos machucadas, olfato inexistente e a alma torturada? Que sensações poderiam trazer? Que chances eu teria de plantar, ao menos, uma semente de esperança em cada um? Novamente, a fé. Só ela mantinha

Do beco dos desiludidos até o campo da percepção

clara, na minha mente, a ideia de que precisava preparar o solo, nada mais.

Vivia um dia de cada vez. Agarrada ao fato de saber que a sensação não julga, simplesmente, registra as coisas, concluí que o segredo estava em visitar o campo da percepção de cada passageiro que ali chegava.

Bergson, sempre genial (uma velha paixão), me ajuda a entender o que uma lembrança enevoada pode fazer com uma percepção atual. Ele afirma que:

"[...] no momento em que a lembrança se atualiza, passando a agir, ela deixa de ser lembrança, torna-se, novamente, percepção."

Uma nova percepção, era isso! Era tudo o que eles, os prováveis passageiros na estação, precisavam!

Não há melhor exemplo do que a história da mulher, já grávida do primeiro filho, que é sempre atormentada pela lembrança do pai batendo na mãe. A lembrança a atormenta porque o pai jamais deu sinais de ser alguém violento. Nem mesmo mal-humorado ele era. Um dia, numa conversa com a avó, a mulher perguntou sobre a veracidade do fato:

— *Vovó, sempre vem à minha mente a imagem do papai batendo na mamãe. Ele estava com ela no colo e batia com o corpo dela, de um lado e de outro, nas paredes do corredor estreito da nossa casa. Isso aconteceu?*

A avó, sabiamente, sorriu e respondeu:

— *Minha filha, você era pequena, e seus pais estavam no quarto, trancados. Deviam estar no furdunço e, você, danadinha, olhou pelo buraco da fechadura. Veio correndo no meu quarto e gritou que seu pai estava batendo na sua mãe. Disfarcei e achei que você havia esquecido.*

Os ateus que me perdoem, mas Deus é mesmo genial! Ali, na Estação dos Milagres, havia um festival de mistérios descortinados simultaneamente. Muitos desses mistérios decorriam de uma péssima comunicação. Interagir adequadamente torna-se muito complicado

Do beco dos desiludidos até o campo da percepção

quando, além de uma comunicação empobrecida, as pessoas envolvidas não se percebem mutuamente.

Em 2009, havia um racha na minha família. Naquele momento, eu estava aprendendo uma grande lição. Entendia, de solavanco, que estamos aqui de passagem. Aprendi a ver a vida como um grande hospital. Compreendi que estamos aqui para nos tratar. Que a perfeição está em equilibrar o bem e o mal que há em cada um de nós. Que o passado é muito importante. No entanto, só contamos com o presente.

Isto em mente me fez questionar aquela desavença inútil, visto que todos ali se amavam. Por que não dar uma leve cutucada em cada um, para que se dessem a oportunidade de se perceberem por outro ângulo? Estavam contaminados com uma percepção do passado, e um encontro renovado poderia ser capaz de predispor cada um a uma nova percepção.

Decidi, então, fazer uma comemoração de Natal antecipada, para que as chances de um bom recomeço pudessem aumentar. Quem sabe aquele seria o primeiro de muitos novos encontros? Que a cada encontro pudéssemos trazer mais um, até que a paz estivesse instalada para viver um só Natal novamente?

O encontro foi incrível! Na entrada, recebia a alegria mesclada em insegurança que, naturalmente, se transformava em contentamento e compaixão.

Ao longo do dia, um círculo fora formado. Era como se todos quisessem garantir pertencimento, união. Brevemente, falei sobre a alegria e a importância de recebê-los para aquele encontro. Todos sentados escutavam com atenção o que era dito. Aparentemente, sob as mesmas condições. Entretanto, o modo como ouviam, entendiam e interpretavam era exclusivo de cada um, individual. É a mais pura verdade. Naquele momento, meus lábios pronunciavam palavras de união e reencontro e, simultaneamente, meu coração acenava com a dor da despedida. Nem todos têm a oportuni-

Do beco dos desiludidos até o campo da percepção

dade de entrar na Estação dos Milagres. Naquele dia, havia alguém que, no próximo Natal, já não estaria entre nós. No entanto, por que sucumbir diante do amanhã, se ainda temos o hoje para viver com alegria?

Assim como naquele Natal antecipado, era fundamental que todos que trabalhavam na estação tivessem a mesma intenção. Receber, da melhor forma possível, cada visitante. Só assim a percepção seria alterada em nosso benefício: ajudá-los a pensar na possibilidade de retornar. Plantar a semente ou preparar o solo. A tarefa incluía alterar a percepção. Interagir genuinamente, conectar para interferir, não só no modo que sentiam, mas, também, na motivação, nas emoções, valores, objetivos, interesses, expectativas e estado de espírito de cada um.

Capítulo 6.
O espaço íntimo de cada um

"O que você tem a explicar, portanto, não é como a percepção nasce, mas como ela se limita, já que ela seria, de direito, a imagem do todo, e ela se reduz, de fato, àquilo que interessa a você." (Henri Bergson)

É necessário entender o que se passa dentro de cada pessoa. Mais que isso, é necessário entender como cada um adéqua o que pensa sobre alguma coisa ao que é dito.

Não há a menor dúvida de que nossos gostos e preferências têm sofrido drásticas transformações em decorrência deste mundo globalizado, veloz, midiático, gerador de uma supercompetitividade. Essa marca do tempo moderno favorece sintomas típicos. Consequentemente, as relações sociais e pessoais estão alteradas. Sentimentos deturpados e distorcidos impõem um comportamento dissonante com nossos valores e desejos mais profundos. Há que se pensar em uma forma de aprender a conviver. Não para sobreviver, mas viver.

A partir da globalização, estamos em todos os lugares, ao mesmo tempo em que não es-

O espaço íntimo de cada um

tamos em lugar nenhum. Nem, ao menos, temos tempo para interpretar e compreender o verdadeiro conteúdo do que está na nossa consciência.

Sem aviso prévio, somos invadidos por uma sensação incômoda e nem nos damos conta de que pode ser a visita do sentimento de solidão. Multidões à nossa volta, e ninguém a nos olhar. O que nos causa sofrimento é também o que nos dá a sensação de alívio! Ao menos sós não seremos importunados. Portanto, cada um de nós precisa encontrar o seu ponto de referência, de apoio!

Lembro de uma época da minha vida em que a simples ideia da solidão me tirava a paz. Cheguei ao ponto de não admitir a menor possibilidade de solitude. Até que a vida, com suas reviravoltas, me colocou à prova. Repentinamente, me vi só. Só na multidão, e mais só ainda em dias e noites intermináveis. Quanta tristeza afogada nos livros, nos filmes e nos sonhos de olhos abertos entrecortados pelo toque do celular que a cada clarão evidenciava mais ainda a solidão.

Lentamente fui observando que não estava só, que naquele corpo habitava algo muito bom que sem dúvida me fazia companhia e, melhor ainda, o diálogo com aquele algo me dava paz. Logo imaginei que era meu ego, mas, para a minha sorte, percebi que era minha alma confiante e tranquila que me acompanhava e que, se havia sobressaltos e sentimentos contundentes, esses vinham de um ego covarde e infantil que não sabia viver sem o eco dos que o cercavam. Às vezes, penso: estaria meu ego habituado a viver com a alma a seu serviço? Bem, se era, se ferrou!

Hoje percebo meu corpo, minha alma e a tranquilidade em que os dois se encaixam e a serenidade do meu ego ao participar equilibradamente dos meus dias. Adeus, solidão!

Capítulo 7.
A vontade empenada

Percebemos claramente o comportamento, muitas vezes, alienado do homem moderno. No entanto, será que estamos sendo levianos ao condená-lo pela alienação? Não seria mais adequado reconhecer e aceitar que ocorre um congestionamento intelectual, causado pelo excesso de estímulos recebidos, tanto pelos meios de comunicação atuais, como também pela quantidade infindável de compromissos assumidos? A quem deveríamos responsabilizar?

Afinal, nem todos têm o privilégio de não ser absorvidos pelo todo, para perceber o que se passa no próprio corpo, que dirá raciocinar sobre seu ego e sua alma!

Muitos se referem à necessidade de mudança como um fato que depende unicamente da vontade do indivíduo. Outros acabam por responsabilizar o estilo de vida que vem sendo adotado, pelo fracasso frente à mudança do comportamento prejudicial. Não temos, ao menos, ideia do que se trata mudar comportamentos e hábitos que, durante muitos anos, achávamos

A vontade empenada

que eram satisfatórios. Quando decidimos mudar, é porque já estamos sofrendo muito com as consequências negativas do comportamento em questão, ou porque temos medo do que podemos colher mais à frente, ou porque alguém, a quem muito amamos, já sofre por nós.

E se, apesar de realmente haver o desejo de mudar, a tal vontade estiver empenada? Sim, é isso mesmo, empenada! Imagine que a vontade seja um pedaço de aço. Esse aço passou anos sendo usado do modo inadequado. Com o passar do tempo empenou. Empenado passa a ser o normal. E agora?

É muito fácil falar sobre mudança, quando se trata do outro. No entanto, somente quando iniciamos a nossa própria jornada é que sentimos o quanto não é fácil. Mas é possível!

Mas e aí? Se nós sabemos a resposta, o que nos impede de chegar à solução? Cabe observar que, atrás de atitudes aparentemente comuns, há lacunas que devem ser preenchidas.

O que acontece com a nossa atenção

diante de tantas atribuições que requerem, em sua maioria, movimentos e atitudes quase automáticos? Estará a nossa atenção apta a entender os sentimentos que foram cuidadosamente guardados? Estará essa atenção em condições de nos ajudar a nos desenvolver e a competir adequadamente, para atingirmos nossos objetivos frente à velocidade necessária?

Enfim, o estudo da atenção está em evidência!

Quando nos deparamos com a necessidade de mudança, somos impelidos a reconhecer que, embora saibamos muito sobre o mundo, pouco sabemos sobre nós.

Capítulo 8.
Crenças cravadas na alma

Lá estava eu iniciando mais um dia de trabalho. Os corredores lotados de gente de todas as idades, raças, classes sociais e níveis intelectuais. Não havia como tentar classificá-los. Homens e mulheres, velhos jovens e jovens velhos. O que eu sabia é que todos vinham com a mesma questão. Adotavam um comportamento que, a princípio, trazia a promessa de satisfação, mas, com o tempo, as consequências negativas suplantavam qualquer sinal da ilusão inicial.

Os relatos eram de muita dor. Alguns chegavam trazidos por quem denunciava o comportamento. Às vezes, um amigo, o cônjuge, um parente ou, até mesmo, os filhos. Outros chegavam empurrados pelo desespero solitário do ego, que lá no fundo escutava o último sussurro de uma alma esmagada.

Muitas histórias ultrapassavam o que eu pensava ser o limite da vida. Atropelamentos em série, fraturas em várias partes do corpo, surras com barra de ferro durante o sono deprimido, estupro, abuso, várias passagens por casas psiquiátricas e, o pior, não eram loucos!

Alguns, sem alternativa, haviam sido internados nessas casas para defendê-los de si mesmos, desintoxicarem-se e poderem retornar ao convívio social. Outros foram trancafiados como punição, para "aprenderem uma lição". Como se já não sofressem o suficiente com a própria ausência de controle.

Exasperados, chegavam aos montes e, nos relatos, "nada sofriam" (no corpo), a não ser a dor da alma, que gemia, urrava, de tanta culpa pelo que fizeram principalmente com eles mesmos. Não tinham como voltar atrás para desfazerem o que haviam feito! Por coação, medo, ou por não estarem mais acostumados a pensar. Por serem tratados como bichos e acharem que são todos semelhantes, por se autorrotularem e já não acreditarem na mudança. Por terem crenças cravadas na alma, do tipo: "Pau que nasce torto morre torto". Por acreditarem que eram o que o outro dizia, sem terem tido tempo para verem se eram, mas para agirem como tal. Pela necessidade física (fissura) para buscarem o alívio do desprazer com a única ferramenta que conheciam e adotarem o comportamento prejudicial. Nessa hora, só me vinha à cabeça a palavra "perdão".

Mas e aí? Como eu poderia falar de algo, sem saber se, realmente, conhecia? Por mais técnica que se tenha, nosso trabalho só tem efeito com a verdade, pois essas mesmas pessoas, que eu atendia com toda dor e fragilidade, eram um mar de sensibilidade e me perguntavam, com o olhar:

— *Você também vai ter a coragem de mentir para mim? Esta é a minha última parada e sei que vou ter que continuar a jornada, se você for mais um hipócrita!*

Paro, penso e, em fração de segundos, volto ao perdão. Em relação a eles, nada tinha a perdoar, meu trabalho era aceitar – mesmo sem concordar – e apontar a possibilidade de uma nova direção. Mas e o perdão?

De repente, **BAM**! O barulho era seco – parecia que uma montanha havia despencado do céu – seguido de muito silêncio. Olho na direção da porta e vejo alguém caído.

— *Ele caiu sozinho, ninguém fez nada! Foi de repente, doutora!*

Chego mais perto e há líquido saindo por todos os lados. Os olhos vazam sangue pelos cantos, do ouvido, um líquido purulento, do nariz, da boca... Alguns pares ajudam e, outros, param para olhar. Vejo, em seus olhos, o pavor e a expressão de "podia ter sido eu", nos que assistiam. Passamos horas aguardando o socorro, com a dor da impotência de termos que renunciar a usarmos o carro parado na porta (por questão de segurança). Quanta burocracia! Tudo por causa desse maldito comportamento prejudicial, pensei.

Finalmente, chega a ambulância, assino os papéis e o vejo partir. Ai! Quanta dor! Em meu pensamento, há um fio de esperança, talvez ele possa voltar, ao mesmo tempo em que a razão me impedia de acreditar. Respiro fundo, subo e recomeço os atendimentos...

Dois dias se passam, são 9 horas da manhã. Um rosto com a expressão de espanto me fala:

— *Doutora, aquele seu paciente está aí, te esperando!*

Olho para o lado e é ele, com um tremendo galo na testa, umas manchas pelo corpo, causadas pela queda, dizendo:

— *Doutora, eu vim me tratar.*

— *Meu Deus! Quanta alegria em te ver! Você aqui é mais um milagre! Seja bem-vindo!* — respondo.

Ele não fala mais nada e só me olha, sorrindo.

Capítulo 9.
E o perdão?

"Aceitação incondicional é o primeiro passo para abrir a porta do milagre do perdão."

(Thich Nhat Hanh)

Ninguém está nesta vida por acaso. Os comportamentos prejudiciais existem e os adotamos por várias razões: curiosidade, rebeldia, ingenuidade, vulnerabilidade da adolescência, para fazer parte da turma, aliviar o desprazer...

Mantemos o comportamento porque não sabemos pedir ajuda, ou porque não acreditamos que haja saída, por medo da crítica, para que possamos suportar viver sem vida, por não termos coragem de olharmos para nós e, às vezes, para o outro. Nesse momento, a causa já não importa. São muitas! O ego comanda a alma que, soterrada, silencia.

Perdoar não é deixar para lá, "esconder debaixo do tapete" ou "colocar uma pedra em cima", muito menos esquecer. Se esquecermos o que é ruim, esqueceremos, também, o que é bom. E o que seria da vida sem as boas lembranças?

E o perdão?

Perdoar é decidir e, a partir desse momento, todas as vezes que for recair com pensamentos ou cobranças, parar e se dar a oportunidade de ter atitudes de perdão. Precisamos aceitar que o passado não tem volta, que somos impotentes diante desse comportamento e que...

Você precisa se perdoar!

Não perdoar, para alguns, é uma ferramenta de controle.

— *Não te perdoo para não te dar paz. Sua dívida me garante benefícios. Quando você menos espera jogo todo o lixo velho em você. Atolado em culpa e ressentimento, você recorre ao alívio do desprazer, e eu, na sua ausência, assumo o controle. Dependo da sua dor para existir e não ser abandonada.*

O hábito não permite que se perceba o peso da corrente que os liga. Dor para todos os lados. O ego tem medo e precisa do controle. A alma aceita, a alma perdoa. Somente em equilíbrio alma e ego se unirão em seu favor e concordarão em perdoar. Será mesmo isso?

É assim com você?

　　Enfim, mais um dia, e os corredores cheios de gente que, devido às histórias que traziam, pela lógica, já não deveriam estar entre nós. Os pensamentos me invadem numa velocidade... Por quê? Necessidades... Consequências...

　　São nove horas, os bancos estão lotados, são todos, sem exceção, sobreviventes da vida, na **Estação dos Milagres!**

Capítulo 10.
ATENÇÃO!

"A capacidade de, voluntariamente, trazer de volta uma atenção que vagueia, vez após vez, é a raiz profunda do bom senso, do carácter e da vontade." (William James)

Presta atenção!

Quantas vezes escutamos essa expressão em tons e formas variadas? Do suave ao agressivo, entre graves e agudos. Na Estação dos Milagres, não era raro encontrar quem concluísse:

— *As pessoas que mais me chamaram a atenção foram as que menos atenção prestaram a mim.*

"Presta atenção" era mais um jargão sem sentido do que um alerta real. Para muitos, com o passar do tempo, usar essa expressão era mais um hábito, tanto da parte de quem falava quanto de quem ouvia, perdendo o verdadeiro significado.

Há quem confunda atenção com memória. A memória é o baú onde guardamos o que há de mais precioso. Fatos bons e não tão bons de nossa história. No entanto, é a atenção que nos ajuda na seleção do que é útil ou não. É ela que nos auxilia a mudarmos de atitude, à medi-

Atenção!

da que percebemos ser necessário. Para iniciar qualquer atividade planejada e útil, a atenção é fundamental.

Inúmeras vezes, escuto reclamações sobre a memória, quando, na realidade, a questão está na atenção. Escutar "Presta atenção!" como represália só nos afasta cada vez mais. Até porque, toda vez que alguém tenta interditar nossa capacidade de escolha, imediatamente, fazemos o contrário do que nos impõem. A isso chamamos reatância.

Dificilmente, passamos pela infância e adolescência sem passar por esse fenômeno. Eu mesma, em alguns momentos, ainda me pego entrando nessa!

Vinha preparando uma cliente para a cirurgia bariátrica. Já estávamos na reta final, quando ela entra e, aos prantos, diz:

— *Estraguei tudo!*

Ela tinha uma irmã incrível, que havia dado uma força danada para que ela fizesse a cirurgia. No entanto, era, além de linda, magra.

Essa irmã tinha ótimas intenções, mas acreditava que conseguiria controlar o impulso de comer da minha paciente.

— Ela me deixa louca! Ela me tira do sério! Pensa que sou burra e que manda em mim, com aquele jeitinho. Me convidou para almoçar para me irritar. Chegamos ao restaurante e ela pediu uma salada light, de alface com tomate. Você precisava ver a cara dela, quando o garçom se dirigiu a mim. Olhei para ele, bem séria, e disse: "Um nhoque de abóbora com quatro queijos". Para completar, de sobremesa, pedi Romeu e Julieta – a famosa goiabada com queijo – Minha irmã não disse nada, mas entendeu que quem manda em mim sou eu.

Aos prantos, a paciente continuou:

— Caí, outra vez, na tal da reatância. Eu não queria comer aquilo tudo. Nem estava com tanta fome. Venho comendo menos. Me ferrei, comi contra a minha vontade, só para mostrar a ela que quem manda na minha vida sou eu!

Esse é um bom exemplo de reatância.

Atenção!

Saber prestar atenção é fundamental quando desejamos fazer qualquer mudança em nossa vida. Na verdade, é um requisito básico para que o processo de mudança ocorra com sucesso.

Mas, calma! Se você tem questões relacionadas à qualidade da sua atenção, ou melhor, à sua capacidade de prestar atenção, não precisa se frustrar. Hoje, além de outros recursos, contamos com a atenção plena, também conhecida como *mindfulness*, uma prática desenvolvida há muito tempo, aprimorada por cientistas e estudiosos do ser humano, cuja função também é cultivar e ampliar a capacidade da atenção.

Praticar atenção plena, *mindfulness*, facilita nosso relacionamento com as questões conflituosas que a vida nos impõe. Ao invés de fugir da vida e adotar comportamentos infrutíferos, aprendemos a viver momento a momento, sem julgar, com aceitação.

Jon Kabat-Zinn, meu mestre e incentivador, define atenção plena *(mindfulness)* como:

"Estar alerta de coração aberto, momento a momento, sem julgamento" (Kabat-Zinn, 2015). Inicialmente, não foi muito simples alinhar o meu corpo aos momentos de *mindfulness*. Após um retiro longo, com a voz macia de Jon me impondo, delicadamente, o silêncio, a postura, a respiração, isto é, o encontro comigo mesma, consegui viver com atenção plena. Entendi que, realmente, vale a pena. Aprendi a aceitar o que há de bom e o que há de não tão bom, em cada exato momento.

Encontro comigo mesma. O que vem a ser isso? Sem dúvida alguma, corpo, alma e ego precisam coexistir. No entanto, nem todos têm a benção de perceber sua presença e aprender a viver com consciência desse trio perfeito.

O ego sem alma pode tornar-se um déspota, cruel.

O corpo sem alma se desgasta, é mutilado pela ausência de limite que apenas a alma sabe impor suavemente.

Atenção!

Corpo e ego sem alma se alimentam da vaidade exacerbada e, na cegueira da alma, perdem o sentido da vida.

Alma e ego conseguem sobreviver sem consciência do corpo, que, fraco e envelhecido, faz o ego azedar e a alma entristecer.

Como seria nossa vida se corpo e alma saíssem por aí sem a presença do ego, nessa sociedade, cheia de regras, limites e lotada de hipócritas sem autoridade exercendo o poder?

Enfim, tudo isso para enfatizar a importância da consciência do nosso corpo para que consigamos usá-lo sem passar dos seus limites.

Mindfulness, ioga, pilates são fundamentais para esse encontro. Uma pessoa saudável requer uma pessoa inteira e consciente do seu corpo, alma e ego.

Sabemos que, para que a mudança verdadeira ocorra, a aceitação é essencial. Meditar com a atenção plena, isto é, praticar *mindfulness*, permite que a nossa capacidade de atenção seja exercitada e, consequentemente, intensifica a qualidade da atenção.

Bem, atualmente, o que se percebe é que os indivíduos necessitam de tempo e treino para reativar a atenção. Mesmo com o baú da memória lotado, algumas pessoas não estão mais acostumadas ao sentimento de esforço para trazer a atenção como recurso. E é isso mesmo. Você não entendeu errado, a capacidade de atenção é nossa, mas precisa ser treinada!

Ali na estação, diante das histórias de vida mais inusitadas, observava que, enquanto eles adotavam o comportamento prejudicial, o trabalho da atenção era mediado por uma percepção intoxicada pelo hábito. A atenção da maioria era dirigida apenas ao alívio do desprazer. Era a resposta que davam aos estímulos desencadeados pelos sentimentos desprazerosos, que ocorriam em determinadas situações.

Alguns, mais atentos, percebiam a presença de movimentos automáticos. Se davam conta de que os tais movimentos, consequentemente, causavam a repetição de comportamentos voltados para o bem-estar momentâneo.

Atenção!

Era uma constante escutar que, ao chegarem do trabalho, cansados, ou brigavam por qualquer coisa, ou iam direto para a geladeira, pegar uma cerveja. O pior é que, realmente, achavam que relaxava. No entanto, mal sabiam que o cansaço, apenas mascarado, ficava ainda maior.

Ali, na estação, com muita cautela e respeito, eu, após ter sido autorizada pelo já quase passageiro, explicava o que normalmente acontecia com outras pessoas. Contava que fome, raiva, cansaço e solidão, sentimentos recorrentes que, geralmente, são vistos como desprazer, poderiam nos encaminhar para o comportamento prejudicial (comer excessivamente, fumar, consumir bebida alcoólica, até mesmo implicar com pequenas coisas etc.) como resposta ao desconforto. Ressalto que não é à toa que os veículos de propaganda lançam mão de situações como essas, para venderem o suposto alívio do desprazer. Só se esquecem de nos avisar que as consequências vêm sempre depois. Pois é em busca da prometida satisfação garantida que, sem prestarmos atenção, "embarcamos numa canoa furada".

A vida moderna não permite que se pare para pensar. Infelizmente, é contando com isso que eles – os agentes de propaganda – pouco falam das consequências negativas, exaltando as qualidades do alívio do desprazer. Esse, inclusive, é um ótimo exemplo de situação em que a atenção é processada rápida e automaticamente, na maior parte fora do controle consciente.

Quem tem fome come; quando cansado, descansa; com raiva, esclarece o que sente e, se está se sentindo só, por que não procurar alguém para conversar ou recorrer a uma boa conversa com o poder superior? Básico, não é? No entanto, tempos modernos e vida agitada nos impõem processarmos automaticamente o que sentimos e reduzirmos a prazer ou desprazer, a conforto ou desconforto. Portanto, sem prestar atenção, para descansar, adota-se qualquer alívio do desprazer: sexo compulsivo, compras, uso quase ininterrupto de celular, bebida alcoólica, festa... E, consequentemente, o retorno ao desprazer.

Por essa razão, durante o processo de mudança, precisamos identificar, passo a passo, o que nos leva a repetir determinados comportamentos cujos resultados já não são mais agradáveis. Terá sido o hábito que tornou tal comportamento relativamente automático e "fácil", a ponto de ter abandonado a atenção? Sem ela – a atenção – como podemos responder rápida e corretamente aos estímulos que nos interessam? Ao tomarmos consciência de como nos comportamos, podemos prestar atenção aos momentos e monitorar a interação do comportamento com o ambiente, horários e pessoas. Razão pela qual fala-se tanto que, num período inicial, em que estamos realizando uma mudança, devemos evitar pessoas, lugares e hábitos relacionados àquela questão.

Somado a isso, prestar atenção traz à memória situações do passado, que favorecem a compreensão e esclarecem os gatilhos – ou detonadores – de um determinado comportamento.

Lembro-me, na estação, de como nos preocupávamos nas vésperas das datas festivas. Encontrar com familiares e enfrentar olhares de reprovação, rótulos. Estar preparado para a avalanche de sentimentos contraditórios poderia mesmo ser um forte gatilho para recair naquilo que vínhamos trabalhando.

Realmente, é um espetáculo quando observamos o encadeamento dos sentimentos, situações ou pessoas envolvidas, expresso naquele comportamento prejudicial. Quantas vezes escutei:

— *Basta olhar para ela que, imediatamente, perco o controle!*

— *Sempre que passo por aquela esquina, minha boca começa a salivar, do nada!*

Será mesmo, do nada? Quantos acontecimentos e sentimentos estão ali, guardados na memória. Portanto, prestar atenção é uma tarefa importantíssima, que nos ajuda a entender,

Atenção!

controlar e planejar situações em que o comportamento seja iminente.

Quantos passageiros, na estação, passaram anos adotando comportamentos prejudiciais como respostas automáticas a estímulos, que eram interpretados apenas como sinalizadores da necessidade do "alívio do desprazer"?

Assisti a um filme cujo personagem principal era o de uma jovem bonita, casada, com filhos e muito solitária. Habituada à rotina diária e às obrigações de quem tem uma família para cuidar, sem ajuda, um dia, durante as compras, é surpreendida pelo sorriso apaixonado da irmã solteira, sem filhos, que era rotulada de infeliz.

— *Como ela, que não tem marido nem filhos, consegue sorrir? E eu, que tenho tudo, não?*

Impactada, ao chegar em casa, percebe que a grama do seu jardim está morta. Repentinamente, sai do automático e passa a prestar atenção ao que vê. A partir daquele momento, observa a casa dos vizinhos e a grama. Passa a prestar atenção ao marido, a quem era atribuída a tarefa de cuidar da grama. Presta atenção ao fato de o marido sair bonito para encontrar os amigos, sempre ter tempo para atividades de seu interesse e nunca para cortar a grama. Presta atenção, e vê que não há a menor comunicação entre os dois, nunca havia tempo para discutir sobre os interesses da família.

Entra e sai de casa e sente um forte incômodo ao ver a grama sempre queimada. Até que decide começar a molhar a grama.

A partir daquele momento, diariamente, dedicava um tempo para cuidar da grama. Prestava atenção aos donos das casas em que a grama era verde e começa e perceber que todos sorriam. Conclui que todas as casas, cuja grama era verde, eram de famílias felizes. Isso a motivou mais ainda a persistir em cuidar da grama.

Até que, um dia, ao acordar, abre as cortinas e vê sua grama verde. Deu um salto, de tanta alegria! A partir daquele momento, iniciou um processo intenso de mudança. Prestou atenção aos seus sentimentos mais profundos.

Atenção!

Entendeu as razões de ter surtos de emoção. Finalmente, entendeu a necessidade de prestar mais atenção ao que acontece dentro e fora da sua vida. Mudar!

Capítulo 11.
Simples e assustador

"Frequentemente, nós nos impressionamos com as estranhas diferenças em visões sucessivas de uma mesma coisa. Perguntamo-nos como pudemos ter opinado da forma que o fizemos, no mês passado, sobre certo assunto. Superamos a possibilidade daquele estado da mente, embora não saibamos como. De um ano para outro, vemos as coisas sob uma nova luz. O que era irreal tornou-se real, o que era excitante é, agora, insípido. Os amigos por quem costumávamos virar o mundo são deixados de lado; as mulheres, divinas em certo momento, as estrelas, as florestas e as águas, quão mundanas e comuns são agora; as garotas que trouxeram uma aura do infinito são, no presente, existências dificilmente distinguíveis; os quadros, tão vazios; assim como os livros, o que havia de tão misteriosamente significativo em Göethe, ou de tão pesado em John Mill?"

(William James)

Viver é mudar! Simples e assustador. Ou simplesmente assustador?

Respirar o ar, nem sempre puro, poluído, mas, sem ele, como viver? Só pensamos na

Simples e assustador

qualidade do ar, na sua importância, quando sentimos desconforto. Do mesmo modo, funcionamos quanto a mudar. Se trocar objetos de lugar ou substituí-los já é para alguns no mínimo aflitivo, qual será o sentimento ao imaginar que é necessário mudar algo em nós? Mudar o quê? Como? Qual é o objetivo da mudança? Por quê? Por quem? Como identificar a necessidade de mudar?

Que tal partirmos do princípio de que "só doido tem ideia fixa"? Tomo por base que doido significa aquele que perdeu o uso da razão ou é alienado. Não somos doidos. Mudar é um direito. Não por ser volúvel, mas por ter repensado, avaliado e decidido. Livres, escrevemos sobre a nossa história de maneira diferente. Os fatos do passado são os mesmos, mas a nossa percepção deles, inevitavelmente, muda a cada dia.

Outro dia, conversando com um pai orgulhoso sobre o desenvolvimento profissional do filho e, ao mesmo tempo, receoso quanto aos olhares de reprovação da sociedade em relação ao seu (do filho) uso de maconha, comentou:

— *Em time que está ganhando não se mexe.* *Ele sempre fumou maconha, e isso nunca o impediu de trabalhar e sustentar a família. Ele trabalha das sete da manhã até a meia-noite, inclusive aos sábados!*

O que dizer a esse pai? Sobre que tipo de mudança, afinal, estaria ele querendo tratar naquela consulta? Esse "time" está ganhando o quê? É sobre isso que precisamos falar. O que é considerado ganho? Cada pessoa vê a sua história de um modo, e a lente que nos faz entender chama-se "valores". Por onde e como começar? Até ali, o foco é o incômodo causado pela crítica dos amigos em relação ao uso de maconha. Que direção seguir nessa hora?

Mudar envolve desde mudar de país, até pedir o divórcio. Escolher entre a esposa amiga e a amante apaixonada. Se há escolha, certamente, haverá perda. Basta pensar na possibilidade de mudança, para sentir certo frio no estômago...

Simples e assustador

Mudar é decisão! É comprometer-se. Esse é um dos maiores desafios da vida. Como assumir um compromisso sem que a motivação venha de dentro de você? Mudar exige coragem e aceitação. Como as consequências vêm sempre depois, é necessário saber lidar com a ansiedade diante da incerteza do resultado e de qual será nossa reação.

Mudar não necessariamente significa uma coisa boa. Há momentos em que a mudança, mesmo desagradável, é necessária. Geralmente, mudar envolve a solução de um conflito. Há momentos em que precisamos começar do zero para que a mudança aconteça. E como recomeçar? Há mudanças que só poderão acontecer se existir perdão. Não há como deixar de lembrar-se de alguém ou de algo que nos machucou. Portanto, perdoar não é esquecer. "Colocar uma pedra em cima", nem pensar! Passar uma vida cuidando para a pedra não virar significaria estagnar. Sem contar que existirá sempre o risco de esbarrar e ter que relembrar da mesma dor. Deixar de lado, então, seria quase uma hipocrisia, se não fosse uma atitude infantil. A vida exige não brincar de faz de conta. Perdoar, então, é decisão.

Decidir perdoar é o compromisso com a mudança de atitude. Ao invés de remoer e retomar o assunto, ter atitudes de perdão. Isto é, cada vez que você lembrar e pensar em falar sobre o que perdoou, é imprescindível lembrar-se do compromisso assumido e retomar a direção da decisão do perdão.

Mudar envolve, também, abrir mão, mesmo com muita dor. Mudar é decidir tomar uma determinada atitude e aceitar, apesar do resultado.

Capítulo 12.
Alívio do desprazer

A grande questão é qual o motivo de desenvolvermos o comportamento de busca do que nos prejudica, apesar das consequências negativas?

Ora, se nos transportarmos para o homem das cavernas e traçarmos um paralelo com os tempos modernos, constataremos que "quase nada mudou". Nos tempos antigos, o homem vivia da caça, de carnes e frutas. No entanto, passava por períodos lastimáveis. Além da dificuldade para estocar esses alimentos e de ter que sobreviver ao frio, percebia que a falta da carne e das frutas gerava certo mal-estar. Consequentemente, essa carência dificultava o controle dos pensamentos, os movimentos ficavam mais lentos, a temperatura do corpo ficava alterada, além do fato de a percepção ficar distorcida. Enfim, sem comida, tendo que suportar o frio e sob ameaça de diversos animais, eles precisavam de substâncias que os ajudassem a modular o constante estresse.

Diante do insuportável, não havia outra

Alívio do desprazer

escolha, senão recorrer a folhas que, embora estivessem longe do ideal e não fossem saborosas como os outros alimentos, eram fáceis de estocar e supriam as necessidades daquele momento. Assim, por um tempo, conseguiam despistar as preocupações com a falta de carne e frutas, pois fracos e com frio, a caça era inviável. Portanto, diante do insuportável sentimento de privação, encontravam nas folhas o alívio do desprazer, sem levar em conta o que poderia ser gerado como consequência do uso indiscriminado de determinadas folhas como alimento.

O tempo passou, o homem evoluiu, desenvolveu métodos sofisticados para estocar todo o tipo de alimentos. No entanto, a evolução foi tanta que, talvez, tenhamos dado uma volta de 360 graus, isto é, mudamos na aparência, evoluímos no pensamento, mas, na essência, retornamos ao estado inicial.

Estresse! Torturado pelas exigências do dia a dia, para suportar o insuportável, o homem adota comportamentos prejudiciais, no sofrido engano de ter encontrado o tão desejado prazer. Na busca incessante pela riqueza, pela ambição do poder, esqueceu-se da paz. Hoje, se vê sob um tremendo estresse, decorrente de suas próprias criações.

A poluição do ar e sonora, que representam um milésimo dos resultados dessa tal criação, e os constantes congestionamentos são algumas das causas indiretas de hipertensão, agressividade e violência.

Contudo, o homem moderno ainda acredita que, para não perder tempo, sem saber que está perdido, não vale a pena refletir sobre o que gera tanto desconforto. Segue na ignorância, sem perceber que, na verdade, encontrou o alívio do desprazer com um prazer momentâneo, seguido de total desprazer, isto é, com consequências dolorosas.

Capítulo 13.
Ninguém conhece mais sobre a sua vida do que você

Avaliar um comportamento como prejudicial nos remete à subjetividade e, muitas vezes, à ideia de um falso moralismo. No entanto, sabemos que o que é prejudicial para uns pode não ser para outros. Ninguém, a não ser a própria pessoa envolvida, poderá qualificar o comportamento como prejudicial.

É importante salientar que não é porque um comportamento traz consequências negativas que estará excluído da categoria das coisas que o indivíduo mais gosta. Está muito claro que nem tudo que gostamos nos faz bem ou traz consequências positivas. Quem não sofre por ter que abrir mão de algo que adora, mas traz consequências desagradáveis?

Ah, o cigarro! Quantas recordações do tempo que ele me dominava com suavidade! Sempre a meu lado, pronto para assumir o controle da minha vida. Quantas vezes me salvou de um embate com a ignorância de pessoas sem a menor noção do que era gentileza. Uma tragada e o alívio do desprazer era imediato!

Ninguém conhece mais sobre a sua vida do que você

No final, eram 70 por dia e já não me saciavam. Mesmo assim, nas horas de desespero, trinta anos depois de ter conseguido abandoná-lo, ainda acende a luz verde, na minha memória, da coisa desejada. Luz essa que vai esmaecendo lentamente quando lembro do sofrimento quase interminável imposto a mim e aos que me amavam no momento da retirada.

A Estação dos Milagres era o refúgio daqueles que já não sabiam mais o que era viver sem essa falsa bengala. Ali, havia tudo somado a mais alguma coisa. Deprimidos, ansiosos, destemidos, apavorados, todos que no auge da pressão lançavam mão do que mais os prejudicava.

Mais importante do que deixar de gostar do que os derruba, é começar a perceber que o prazer que determinados hábitos propiciam já não faz bem, por isso não é bom para o que querem para suas vidas.

— *Embora goste de jogar, sofro tanto com as consequências, que já não gosto de gostar de jogar.*

Na Estação dos Milagres, o que aqui chamo de jogo pode ser substituído por bebida alcoólica, noitadas e, até mesmo, pessoas, dentre outras. Chamamos de comportamento prejudicial aquele que nos afeta negativamente, direta ou indiretamente.

Ali, surgiam familiares que tinham hábitos que não lhes faziam mal excessivo, mas prejudicavam brutalmente aqueles que estavam em tratamento e a quem tanto amavam.

Sedentarismo, comer excessivamente, compras excessivas, tabagismo, jogo compulsivo, dívidas, uso abusivo de álcool e outras drogas, sexo compulsivo, viver "pendurado" no celular e trabalhar em excesso, geralmente, são comportamentos cujas consequências, a longo prazo, quando não são consideradas desagradáveis e desastrosas para quem as adota, o são para os que compartilham de suas vidas. Esses assuntos eram exaustivamente trabalhados nos atendimentos da estação. O convívio com quem não vê suas limitações não é uma tarefa simples.

Ninguém conhece mais sobre a sua vida do que você

Durante os atendimentos era necessário despertar em todos não só a compreensão, mas também possibilitar que situações, às vezes consideradas "transgressões", fossem pensadas pela luz do respeito, da compaixão.

Exemplificava, com questões que ocorriam com pessoas que não tiveram ingerência alguma sobre o comportamento a ser mudado. Conversava sobre o portador de diabetes que não abre mão do excesso de doces. O portador de hepatite C que insiste nos alimentos gordurosos e não aceita fazer as visitas periódicas ao especialista. Para muitos, tomar as medicações adequadamente era uma tarefa árdua e até dolorosa, mas não tomar poderia ser ainda pior.

Ninguém adota um comportamento com a intenção de se prejudicar. Ao contrário, tudo começa com a falsa noção de controle.

Corredores lotados, a desesperança era latente, e o sentimento desagradável dos familiares e acompanhantes, uma constante. Especialmente naqueles que não sabiam organizar os sentimentos, para entenderem que ninguém consegue ser, constantemente, o limite do outro. A impotência e a aceitação, para muitos, não passavam de simples palavras. No entanto, embora não soubessem nominar, o impacto daqueles sentimentos era sufocador. Atingia diretamente a capacidade de autoaceitação de cada um ali à espera. Qualquer um, naquele lugar, precisava ter a oportunidade de entender que essas duas ferramentas de viver – a impotência e a aceitação – são necessárias para nos forçar a olhar para o quanto nós somos limitados e que, se temos dificuldade para mudar nosso comportamento, não podemos impedir o comportamento do outro.

A grande verdade é que ninguém muda os hábitos de alguém. A não ser que a pessoa em questão realmente queira. Mesmo assim, essa é uma tarefa que requer trabalho e atitude daqueles que, na Estação dos Milagres, se dispõem a mudar.

Ninguém conhece mais sobre a sua vida do que você

E os que não querem mudar? E os que ainda não se dão conta de que a maioria das perdas e prejuízos podem ser consequência de algo que lhes dá prazer?

Para esses, graças a Bill Miller e Rollnick, aprendi que o certo seria uma conversa sobre mudança. Para tal, nada melhor do que a abordagem da Entrevista Motivacional, cujo espírito está baseado na colaboração, compaixão, aceitação e evocação (extrair de cada um as razões para mudar). Isto é, saber que ali na minha frente havia alguém que valia a pena, que, para ter autonomia, precisava ser validado, mesmo que nas pequenas coisas, com empatia genuína.

Para que a conversa sobre mudança ocorresse sem discórdia, era necessário que entendessem seus valores, pois só assim perceberiam claramente que estavam andando na contramão do que mais valorizavam.

Capítulo 14.
Uma boa viagem pelo caminho das atitudes

"Atitude é uma organização duradoura de crenças e cognições em geral, dotada de carga afetiva, pró ou contra um objeto social definido, que predispõe a uma ação coerente com as cognições e afetos relativos a este objeto." (Aroldo Rodrigues)

Nesta vida, felizmente, o que mais presencio são mudanças de atitudes.

Ele começa a lembrar das primeiras namoradas:

— *Teve uma que me tirava do sério! Ela me fazia gritar na frente de todo mundo! Era uma baixaria! Eu gostava dela, mas ela insistia em marcar de estudar com as amigas, no sábado à tarde. E eu ficava como um trouxa, esperando! Eu perdia a cabeça!*

Por mais incrível que pareça, era um rapaz interessante e educado. Se alguém me contasse que ele tinha esse tipo de atitude, eu relutaria em acreditar. Ao longo do atendimento, ele relata as brigas que assistia entre seus pais:

— *Minha mãe era maravilhosa, fazia bolos deliciosos. Quando meu pai passou por uma crise no* trabalho, ela "*não deixou a peteca cair*". *Sentava à máquina de costura e fazia os vestidos dela, para manter a pose. Meu pai era louco por ela. Eles brigavam...*

O olhar do rapaz vagueia pela sala.

— *Cresci vendo cadeira voar durante as brigas dos meus pais. Minha mãe tinha razão, ele nunca chegava para jantar conosco e sempre priorizou os amigos.*

Naquele caso específico, como poderia promover o bem-estar, sem que a mudança de atitudes acontecesse? Quase um desafio, se não o ajudasse a entender o sentimento que estava por trás do ocorrido. Havia muita tristeza em sua fala, mas, quando perguntei o que sentia, ele disse:

— *Raiva; eu tinha muita raiva do meu pai. Pena da minha mãe e sentia muito medo quando isso acontecia. Quando ela me dava uma bronca, eu logo fazia o que ela queria, e ele insistia em não fazer.*

Aquele atendimento nos proporcionou uma boa viagem ao mundo das atitudes. Pude mostrar e exemplificar com tudo o que ele mesmo havia dito. Falamos sobre preconceitos e das atitudes que tomamos frente a eles. Rotulamos! Mostrei, também, que temos uma predisposição aprendida a partir de experiências ocorridas no nosso meio. Até mesmo dizemos que é por experiência própria. Ele cresceu assistindo a mãe tomar aquela mesma atitude frente àquela situação. Não percebia, mas agia como a mãe, tinha a mesma atitude agressiva diante de situações em que se sentia abusado, desrespeitado ou não levado em consideração. Respeito para ele era um valor.

Nossas atitudes são o resultado do que pensamos e falamos. Isto é, nossa opinião somada à nossa conduta. Quando experimentamos um acontecimento do qual temos uma experiência prévia do que vamos fazer, nossa tendência é repetir o mesmo padrão de comportamento.

No entanto, pelo que eu escutava do passageiro, ali, na minha frente, era evidente que ter a mesma atitude da mãe já não tinha coerência alguma com quem ele queria ser. Certamente,

Uma boa viagem pelo caminho das atitudes

quando pequeno, ao presenciar aquelas brigas, entendera que, frente a situações semelhantes, o correto seria ter uma atitude agressiva, mas...

— *Hoje, sou um homem, não gosto de brigas e me faz muito mal. Ser assim não combina comigo. Se, para ter uma mulher, precisa ser daquela maneira, melhor ficar sozinho.*

Ah, os rótulos! Só servem para nos manter blindados de situações que podem nos trazer sofrimento! Ele não percebia, mas, para não sofrer, se protegia com outra dor e se condenava à solidão.

Para que alguém consiga identificar ou modelar as atitudes, é imprescindível que saiba o que sente. Esse era o maior desafio que eu encontrava naqueles atendimentos. Precisava conseguir ajudá-los a desvendar o emaranhado de emoções apresentado, para encontrar e entender cada sentimento ali presente. Entendia e refletia cada palavra. Com a ajuda do paciente, lentamente, observávamos quais crenças estavam envolvidas na compreensão trazida por eles sobre cada situação. Assim como as crenças, também observávamos e compreendíamos os sentimentos e o comportamento que adotavam para agirem daquela determinada forma. Só assim, o passageiro poderia entender e rever o porquê de suas atitudes sobre a situação envolvida.

O mais incrível nos atendimentos era que as pessoas chegavam muito infelizes, incompreendidas e rejeitadas. Somente após dissecarmos os acontecimentos, e o que havia gerado tal atitude, é que percebíamos leveza no ar.

Agiam sempre baseados em crenças aprendidas, mas não avaliadas, muito menos questionadas. Alguns pacientes eram meros copistas. Ali, juntos, eu e eles conseguíamos constatar que, mesmo sendo relativamente estáveis, as atitudes podiam ser modificadas.

Bastava que se predispusessem a mudar, ao menos, um dos seus componentes – cognitivos (ideias, crenças), afetivos (sentimentos, valores), ou comportamentais – que o sistema se transformava.

Uma boa viagem pelo caminho das atitudes

Lembro de um paciente que, para justificar não ajudar a esposa a realizar um projeto, disse:

— *Seus sonhos são seus sonhos; meus sonhos são meus sonhos. Os seus sonhos só serão nossos sonhos quando fizerem parte dos meus sonhos.*

Ele se reconhecia egoísta e pensava saber amar. Num breve relato, ele dizia algo que, a cada palavra, podia ser traduzido como a definição do que é, na minha visão, o avesso do amor. Falava pausadamente e com tanta certeza que, à medida que emitia as palavras, fazia eco na mente de quem ouvia. Era um verso muito amargo, e ele nem percebia o que se passava com quem o escutava.

Realmente, em sua fala, não havia nada de falso, tudo era verdadeiro, portanto, não poderia ser criticado. Deveria ser aceito como mais uma ferramenta para reflexão.

Seria essa fala resultado de um aprendizado? Seria necessário que ele modificasse aquela atitude? Teria ele transformado sua atitude numa constante? Podemos categorizar tal atitude como um comportamento prejudicial? E, mesmo que o fizéssemos, não estaríamos fazendo um julgamento moralista? A meta de quem trabalhava na Estação dos Milagres era não julgar, mas entender, aceitar e, não necessariamente, concordar!

Sem se darem conta, os que chegavam na estação viviam sob a égide do que mais os fazia sofrer: os rótulos! E como promover o rompimento de rótulos e conceitos distorcidos, sem primeiro ajudá-los a entrar em contato com seus valores frente à realidade?

Lembro da mãe, triste e queixosa, relatando o quanto se sentia arrasada por chegar atrasada, toda segunda-feira, na escola das filhas. Ela dizia ser insuportável o olhar de reprovação da diretora. Sofria ao olhar pela janela e assistir as filhas tentarem fugir dos olhares dos amigos, na sala de aula. Dizia que era uma boa mãe. A casa estava sempre limpa, a roupa da escola diariamente passada e o lanche sempre preparado. Por fim, falou:

Uma boa viagem pelo caminho das atitudes

— *Estou aqui porque preciso de ajuda. Não sei mais como lidar com essa situação! Minhas filhas são a razão da minha vida. Não falta nada para elas.* Trabalho a semana toda, chego cansada em casa e deixo tudo uma perfeição, para que elas possam estudar e fazer os deveres de casa. Mas preciso me divertir, sou humana!

E relata que, aos sábados, sempre sai para dançar, fica animada e bebe muito. Por fim, acaba usando cocaína...

— *No domingo à tarde, estou um trapo humano, e só penso em dormir. Segunda-feira, eu chego atrasada outra vez... Me ajuda, "doutora"!*

Valorizava as filhas mais que tudo na vida, mas, também, valorizava se divertir, dançar.

Iniciamos uma longa conversa. Minha tarefa, entre outras, seria reconhecer que dançar e se divertir eram, para ela, também um valor.

Será que haveria como se divertir sem consequências prejudiciais? Como ajudá-la a romper aquela rotina que só servia para alimentar seu ego momentaneamente e massacrar sua alma?

Capítulo 15.
Escravos do hábito

Nós, humanos, existimos, também, pelos nossos hábitos. Quase tudo que fazemos está resumido em atitudes. Nem sempre damos atenção suficiente para uma mínima tomada de consciência das nossas ações. Segundo James, as nossas "rotinas diárias" não nos ajudam. Na verdade, podem até mesmo prejudicar nosso bem-estar.

O que são os hábitos, senão movimentos repetidos, que nos impedem de desenvolver nossas aptidões e ter maior flexibilidade, para que possamos viver coisas novas? O melhor é que James sempre se deu conta do mau hábito que temos de deixar de lado, ignorar ou, até mesmo, dar desculpas pelos nossos maus hábitos. Um bom exemplo são as dificuldades impostas por comportamentos prejudiciais que, inicialmente, só são notados por nós. Percebemos, em silêncio, que as consequências negativas se tornam extremamente evidentes e discrepantes em relação aos nossos desejos, isto é, aos nossos objetivos. Na realidade, contra o que mais valorizamos. Esse silêncio doloroso, impotente, com o tempo nos faz ter raiva de nós.

Um claro exemplo disso são as pessoas que desejam, mais que tudo, construir uma família saudável. Mas o hábito de tomarem uma dose diária de bebida alcoólica, ao chegarem do trabalho, sorrateiramente, torna-se um vício. A família que tanto valorizam fica em segundo plano.

Obesos que "não observam" o exagero de comida que ingerem e vivem em busca da forma ideal.

Se vivemos pelo hábito, esquecemos dos nossos afetos.

De acordo com o Dicionário Aurélio, "afeto" é:

> Um conjunto de fenômenos psíquicos que se manifestam sob a forma de emoções, sentimentos ou paixões, acompanhadas sempre da impressão de prazer ou dor, de satisfação ou insatisfação, agrado ou desagrado, alegria ou tristeza.

No entanto, é mais comum ouvir falar de afeto como algo positivo.

O que percebo, no convívio com algumas pessoas que estão embarreiradas na busca por um estilo de vida saudável, é que muitos não se dão conta de que a fonte do desconforto está em um afeto que pode ser compreendido e alterado. Para isso, devemos levar em conta a carga de expectativa depositada no comportamento que adotamos.

E você, qual é a expectativa que deposita no comportamento que você adota?

"Minha experiência é aquilo a que eu concordo prestar atenção. Apenas aqueles itens que eu noto formam minha mente – sem um interesse seletivo, a experiência é um caos absoluto. Somente o interesse dá acento e ênfase, luz e sombra, figura e fundo – numa palavra, a perspectiva inteligível." (William James)

Capítulo 16.
Fé

Quando recebo um paciente muito rebelde, revoltado com a vida e a dor que vem passando, pergunto-lhe se tem fé. Não é raro ouvir: *"Eu sou ateu"* ou *"Não tenho fé em absolutamente nada"*.

Ironicamente, essas respostas acalmam meu coração.

Para mim, a maior prova de que se tem fé é a certeza de que não se tem. O que é fé, se não a certeza de alguma coisa que não vemos, mas que sentimos? Se eu sinto que não sinto é porque sinto alguma coisa, e esse é o caminho.

Essa resposta, muitas vezes, é o início de uma longa jornada e nos leva a lugares que só a natureza humana permite.

Da janela da sala, vejo uma árvore e uma montanha e logo pergunto:

— *O que você vê ali?*

A resposta soa como uma pergunta, e começamos a falar das criações do homem, em contraponto com as da natureza. Não demora muito,

Fé

estamos comentando sobre o corpo humano. Como Deus, a natureza criadora, o poder superior ou, até mesmo, os fragmentos do *Big Bang* foram incríveis! Como pode bolar um cérebro com milhões de neurônios e sinapses conversando, trocando elementos e, ao mesmo tempo, metros de alça intestinal? Penso mesmo que todas as respostas estão em nosso corpo. Estão em nós. Por fim, concordamos que não sabemos como, nem o porquê, mas alguma força criou tudo isso! Para os que acreditam que viemos do pó ou da ameba, a resposta é a mesma: que evolução danada, não é?

Eu só sei que a fé, às vezes, é tão forte que, quando estou no máximo do desespero, quase sem forças para continuar, "alguma coisa" acontece em meu coração, e eu percebo que volto a "viver sem ter a vergonha de ser" e a entender que sou "um eterno aprendiz".

Quando penso na fé, lembro do tempo e vice-versa. Acredito que existe a hora de chegar e a hora de ir embora, e que o que vale é o que eu faço com o tempo enquanto estou aqui! A vida é mesmo um dia de cada vez.

Estou certa de que há duas sementes preciosas dentro de cada um de nós. Uma representa a fé e a outra, o tempo.

Capítulo 17.
Dar tempo ao tempo

Passamos o tempo, matamos o tempo e, quase nunca, nos damos tempo de viver o tempo no tempo, em tempo. Geralmente, dizemos que, se deixar o tempo passar, a coisa esfria. Alguns se esquentam, remoem, por um tempo, até estourar.

Que tal dar tempo ao tempo? Só o tempo pode apagar! Só o tempo nos ajuda a esquecer! Como se nossa memória não existisse, como se a nossa consciência não estivesse conosco o tempo todo. Frases cretinas existem e é infindável a quantidade de pessoas que as repetem sem pensar.

Afinal, pensar para quê? Não dá nem tempo!

Na verdade, o tempo não é para ser falado, nem sentido, ele precisa ser vivido e, assim, talvez, possamos colocar algo no lugar, para preencher o vazio, ao invés de esperar o tempo passar. Ou, quem sabe, viver o tempo no tempo, em tempo.

Tudo, na vida, tem seu tempo, mas

"quem sabe faz a hora, não espera acontecer".

E a coragem, onde fica? Fácil falar! Apenas citações. Às vezes, a gente não quer perder tempo na vida e acaba perdendo a vida, por não saber lidar com o tempo!

A natureza humana e o tempo se confundem (ou se fundem).

Engravidamos, e eis que nada, a não ser o tempo, permite que aquele pequenininho ser se desenvolva. Já temos máquina até para guardar a semente, mas não temos máquina para fazer crescer antes do tempo. Podemos, inclusive, abreviar o nascimento, mas as consequências vêm a galope, as sequelas não me deixam mentir.

E como discorrer sobre o tempo, sem falar em fé? Esta força me acompanha! Não acredito que as coisas aconteçam por acaso! Penso que há sempre mais alguma coisa para desvendar e que o tempo que temos de vida tem um sentido.

Penso que o tempo pode ser uma armadilha para os desavisados. Muito triste pensar que esperei pacientemente caminhando em terras que não me favoreciam em nada, esperando um futuro que nunca veio. Pois é! Será que tempo e expectativa são palavras que fazem sentido ou seria tempo e fé?

Um dia, conversando com uma paciente, falamos sobre os quatro inimigos do homem de Castanheda. Ela, uma sábia, com idade já avançada, fala sobre o medo, a clareza, o poder e a velhice.

Repentinamente, velhice e tempo se misturam. O poder superior eloquente, poderoso e honesto surge na nossa conversa e muito lentamente toma seu lugar abrindo as portas da aceitação. Ali, entre uma palavra e outra, penso: "Tempo, meu amigo leal, se tivéssemos nos aproximado mais cedo teria compreendido e vivido a vida com mais leveza. Teria cultivado a paciência com mais aceitação...".

O tempo é verdadeiro, tem palavra, é firme. Nós, humanos, com essa riqueza mental que a vida nos deu, até podemos imaginaria-

Dar tempo ao tempo

mente driblar o tempo, mas jamais conseguiremos fazer com que ele volte atrás. Será, então, tempo e aceitação a dupla perfeita?

A grande questão é não passar o tempo pensando no tempo, mas vivê-lo, vivendo a vida com muita atenção. Muitos de nós nos agarramos a um determinado comportamento quase que compulsivamente, para que não tenhamos que lidar com algumas questões, desde as mais bobas e sem sentido – mas, infelizmente, necessárias – até as mais deliciosamente prazerosas, sem pensar no tempo. De nada adianta adotar um comportamento prejudicial para não ter que pensar. Você reparou que falei sobre o perdão, atitudes e agora sobre o tempo? Pois bem, lembro de uma senhora muito amarga que por alguma razão caiu de paraquedas num dos locais em que trabalhei. A danada era arrogante, agressiva e tinha prazer em diminuir as pessoas. Só havia duas opções no convívio com ela, ou você a tratava como soberana ou era humilhado até pedir demissão.

Hoje acho graça, no entanto, era um sofrimento para os que eram verdadeiros e rebeldes, como eu. Finalmente, a política mudou, e ela, do mesmo jeito que entrou, sumiu. Passei anos falando que a única pessoa que me fazia sentir repulsa e que não perdoava era ela. Até que um dia, conversando com um amigo que me falava sobre não saber perdoar, lembrei da figura da tal senhora e repeti instantaneamente: "É... eu costumo perdoar, mas tem uma senhora..." e imediatamente senti que faltava algo dentro de mim, que o que havia falado não era o que meu corpo dizia e percebi que ele, o poderoso tempo, não tinha me feito esquecer o fato, mas eu esquecera aquele ressentimento que só a mim escravizava.

Perdoar é uma benção. Entendi que eu repetia um sentimento do passado que já não existia. Percebi então que o tempo não para. A vida passa! Nós é que precisamos, de tempos em tempos, parar e pensar se o que pensamos realmente corresponde ao que sentimos.

Dar tempo ao tempo

Os pensamentos surgem aos borbotões, cabe a cada um de nós escolher os que nos beneficiam e trazem leveza. Passar pela vida sem ao menos assisti-la, essa, sim, é uma grande perda de tempo!

Capítulo 18.
Valores enraizados em nós

SEU EGO OU SUA ALMA

"Um valor é a convicção duradoura de que um modo específico de conduta ou de existência é preferível, no plano pessoal e social, a modos de conduta ou existência opostos. Um 'sistema de valores' é um conjunto organizado de convicções duradouras que dizem respeito a modos de conduta ou de existência."

(Milton Rokeach)

Tanto os nossos valores quanto as nossas atitudes relacionam-se com as crenças que temos sobre a vida e a aceitação de alguns comportamentos que adotamos. No entanto, os valores vão além das situações ou acontecimentos, eles são a base da nossa personalidade. Isso explica a razão pela qual, ao entrarmos em contato com nossos valores, sentimos mais facilidade para compreender por que nos colocamos em situações específicas e/ou fizemos determinadas escolhas para nossa vida.

Valores são preciosos e têm longa duração. Eles guiam nossas vidas e, raramente, nos damos conta disso.

Valores enraizados em nós

Quando pensamos sobre o que é importante, pensamos sobre como nos alinhar mais próximos a nossos valores. Porque valorizamos riquezas, traçamos metas para atingi-las. Portanto, a riqueza, nesse caso, é o motivador.

Os meios pelos quais iremos agir para obtermos o que valorizamos também correspondem a valores enraizados em nós. Quando avaliamos nossa vida atual em relação aos nossos valores e percebemos que andamos na contramão do que valorizamos, podemos identificar um conflito possivelmente gerador daquele comportamento prejudicial que nos impede de caminharmos na direção das conquistas que mais desejamos.

A tarefa principal, para que pudéssemos nos aproximar, minimamente, dos que, perdidos, chegavam à estação, era identificar os valores mais profundos. Nosso desafio diário era conhecer sem rotular. Conversar sem pressupor. Auxiliar sem julgar. Acrescido a tudo isso era necessário estar consciente de que um passo em falso poria tudo a perder.

Lembro, como se fosse hoje, de uma situação totalmente indesejada no início da minha carreira, em que, ao olhar para o paciente, fui surpreendida por um riso largo no meu rosto, no momento mais impróprio impossível. Meus lábios nada disseram, mas meu pensamento havia me traído. Por um segundo, rotulei, pressupus e julguei.

Na semana seguinte, pouco antes da sessão, recebi seu telefonema:

— *"Doutora", estou ligando para avisar que não vou continuar o tratamento. Vou procurar outra pessoa. Obrigado.*

Caso perdido! Se eu pudesse encontrá-lo outra vez, pediria desculpas pela minha inadequação.

Aquele momento foi um divisor de águas na minha vida. Ou eu abria mão dos rótulos ou seria engolida pela onda dos hipócritas.

Quando ouço um paciente sob o prisma dos valores, sinto como se o ambiente se iluminasse. Minha mente fica leve. É mais simples, ao menos, para saber qual vagão seria mais apropriado para aquele paciente. O vagão dos fiéis, dos leais, dos que amam diversão, liberdade. O vagão dos leais, mas infiéis...

Senti uma tremenda satisfação, ao ouvir de um paciente no processo de mudança:

— *Eu quero ser mais polido porque me traz menos dissabores* — e concluiu — *Ser mais polido não me isenta de ser eu mesmo. Ao contrário, é um modo verdadeiro de me relacionar, de acordo com o que sempre valorizei, e estar em harmonia comigo mesmo!*

Lembro do relato de um paciente que "bebia todas". O dinheiro ia para o ralo com relacionamentos fugidios, os filhos totalmente desorientados, a ex-mulher sendo escorraçada, cada vez que estendia as mãos para ajudá-lo. A conta bancária no negativo, e ele decide comprar um pacote de viagem para a Europa com a nova namorada. Nada o dissuadia da ideia. Só me restou escutá-lo e extrair dele o que mais valorizava, na vida. Quando perguntei, respondeu:

— *Autonomia, liberdade e ser admirado.*
A partir daquela fala, mudamos totalmente o foco da conversa. Ao invés de confrontá-lo com as impossibilidades e mostrar a loucura que estava prestes a cometer, optei por conversar sobre a importância da autonomia em sua vida. À medida em que ele falava, percebia que, em razão disso, a compra das passagens e a decisão de fazer a viagem tinham um propósito maior do que apenas viajar levando alguém. Lentamente, fomos entendendo o quanto o álcool havia assumido o controle da sua vida. E percebemos, lá distante, a possibilidade de obter o que mais valorizava, sem sofrer o dissabor de consequências prejudiciais. Enfim...

Embora a maioria das pessoas de uma mesma sociedade cultive os mesmos valores, o grau de importância que cada um dá a cada um deles é diferente.

Foi exatamente o grau de importância que alterou o pensamento de muitos que passaram pela Estação dos Milagres, para que fosse possível pensar em mudar. Não o grau de importância do comportamento em suas vidas, mas o valor da qualidade imaginária que aquele comportamento agregava a eles.

Os valores são particularmente importantes para se reconhecer a necessidade de tomar uma decisão. Identificá-los aumenta a percepção da importância da mudança. Ajuda a definir a direção que queremos dar para nossa vida. Portanto, só a partir do momento em que detectamos nossos valores mais genuínos, é que conseguimos avaliar a direção mais acertada a tomar.

Capítulo 19.
Imaginariamente, acrescentava, em mim, o que sentia

"As emoções são a força viva da alma, a fonte da maioria dos nossos valores, a base da maioria das outras paixões. Diz-se que as emoções distorcem a realidade, eu defendo que elas são responsáveis por ela."

(Robert Solomon)

Escrever sobre emoção, sentimentos, afetos é apaixonante. Há inúmeros estudos e controvérsias em torno do assunto, no entanto, longe de ser um discurso científico, a ideia, aqui, é apenas levar cada um a, minimamente, compreender e nomear o que se passa dentro de si.

Quando observamos o comportamento humano, há uma variedade de aspectos a entender: motivação, intencionalidade, percepção, expectativas, sentimentos...

Imaginariamente, acrescentava, em mim, o que sentia

Quando acendia o cigarro, imaginariamente, acrescentava em mim o que sentia que faltava: charme, extroversão e ousadia. Esse exemplo mostra, claramente, o sentimento que se passa no interior do indivíduo, quando ele está motivado. Mais tarde, entendi que, nesse caso, o que sentia, verdadeiramente, era muita timidez. Foram inúmeras as vezes em que, ao invés de mandar um sujeito inconveniente às favas, lancei mão do cigarro.

Os sentimentos são estados afetivos que têm uma duração maior. Normalmente geram vivências mais suaves. Por isso, não refletem intensamente sobre o nosso corpo e têm menor interferência na razão e no comportamento. De forma simples, emoção e sentimento são coisas diferentes. A emoção dificulta a possibilidade de haver pensamento, ela é tomada pelo impulso, reage a um estímulo e depende da relação com o mundo exterior para existir. Quanto ao sentimento, é independente. Podemos dizer que precede um pensamento, uma percepção

Imaginariamente, acrescentava, em mim, o que sentia
e avaliação de algum acontecimento ou de alguma coisa. Fora isso só você sabe realmente o que sente, enquanto as emoções podem ser observadas por quem está com você. Explico melhor um pouco mais adiante.

Gosto de entender o sentimento como dinâmico. E ele é. Podemos modificá-lo!

Há os rotulados como inseguros, como se, dificilmente, fossem conseguir se predispor a mudar. Ah, os rótulos! Sempre eles interferindo no caminho da mudança!

Não resta dúvida de que os sentimentos são a janela para a vida. Eles refletem nossas reações frente ao mundo. Não há melhor forma de compreendermos e estarmos realmente em contato conosco do que manter contato com os nossos sentimentos. Saber o que sentimos, mesmo que não seja agradável, com certeza, é real. A partir da compreensão do que sentimos, entendemos a ação para a qual fomos levados. Enfim, entendemos por que reagimos de determinada maneira.

Capítulo 20.
O primeiro impulso é o do coração e, depois, o da razão

"Recuse-se a expressar uma emoção, e ela morre."

(William James)

Segundo Robert Solomon, são as emoções que dão sentido à nossa vida. Portanto, o que nos interessa, nos fascina, o que amamos, o que nos irrita, nos move ou nos incomoda é o conjunto que constitui quem somos.

A emoção é um estado sentimental momentâneo, em que o indivíduo tem seu organismo excitado. A emoção nos atropela! Ela nos apanha de surpresa e nos desequilibra. É como se o mundo desabasse na nossa cabeça!

O primeiro impulso é o do coração e, depois, o da razão

A emoção é repentina e costuma não ser prolongada, porém pode ser tão intensa que, geralmente, desencadeia vários tipos de reações. Repercute no nosso corpo e pode até bloquear a nossa capacidade de pensar.

Estava caminhando em volta da lagoa com minha sobrinha, no fim da tarde. O dia ainda estava claro. Conversávamos amenidades quando, repentinamente, duas bicicletas pararam ao nosso lado, e escutei:

— *Se você não quer morrer...*

Não consegui escutar mais nada. Subitamente, saltei, rodopiei num grito desesperado e, quando parei, estava no meio da avenida. O trânsito parado, eu de pé, com os braços abertos. Silêncio total! Até que fui abraçada. E entre risos e lágrimas, escutava:

— *Tia, você parecia um pássaro enlouquecido! Os assaltantes saíram apavorados!*

Nessa passagem, vemos que a emoção, nesse caso, o medo, é um estado que pode levar a uma ação. Quando somos atingidos pela emoção, podemos nos descontrolar muito intensamente.

Naquele momento, muita coisa poderia ter acontecido. Os assaltantes, tomados pela emoção repentina, poderiam ter atirado. Eu fiquei surda e cega. Não medi as consequências de coisa alguma. Busquei apenas me afastar e pedir ajuda.

Segundo Goleman (1995), a mente racional leva um ou dois momentos a mais para registrar e reagir do que a mente emocional. O primeiro impulso é o do coração e, depois, o da razão. Posso concluir que, naquele momento, quem agiu foi a mente emocional.

A emoção é mesmo um estado complexo de sentimentos. Há emoções que são criadas por situações simples, que surgem em decorrência das nossas expectativas. Muitas pessoas não estão preparadas para algo diferente do que imaginaram.

Outro dia, me deparei com uma jovem que sempre se imaginou fazendo laços de fita

O primeiro impulso é o do coração e, depois, o da razão

para a filha. No dia em que engravidou, a certeza de que esperava uma menina era tanta, que se recusou a acreditar no menino que aparecia na ultrassonografia. Foram meses de tristeza, mesclados de medo e muita culpa. Até que o pequeno Pedro, em seus braços, a despertou daquele encanto infantil.

James tem razão quando afirma que a emoção morre ao ser recusada. Para essa proeza, é necessário que saibamos o que sentimos.

Há as emoções que dependem dos estímulos dos sentidos, como dor, prazer, aversão. Essas eram muito frequentes na estação.

Surras descontroladas de um pai cujo valor maior era ter a casa própria. Para cada lote de tijolos, um filho, que garantia o auxílio-maternidade. Resultado: filhos cobrados, casa própria e lar infeliz. Além do comportamento prejudicial, esse paciente trazia um saco de emoção abarrotado de sentimentos que ele nem mesmo percebia.

A culpa e o remorso de sentir tamanha

aversão a um pai que tanto amava. A cada encontro com o pai, sentia-se como se estivesse freando um carro desgovernado. Era tomado pela emoção. Ali, na minha frente, estava o conjunto perfeito do que corrói a alma de um homem. As emoções que surgiam pelo julgamento que fazia a seu respeito, pelo modo como se comportava. O amor e o ódio que dirigia ao pai.

Na estação, havia passageiros com todo tipo de emoção. Chegavam pálidos pelo medo, vermelhos pela inadequação que acelerava o coração e enfraquecia as pernas. Ali, observávamos, com atenção, que nós, humanos, somos seres emocionais. Expressamos emoções que variam de acordo com a situação em que estamos envolvidos. Portanto, se estivermos descuidados e sem conhecermos o que se passa em nós, somos levados a fazer algo que nem sempre corresponde aos resultados desejados.

Considerado um dos cem mais notáveis psicólogos do século XX, Ekman (2011) defende que a cultura influencia a maneira como ex-

O primeiro impulso é o do coração e, depois, o da razão pressamos nossa emoção. Ele acredita que há regras que são socialmente aprendidas e que, geralmente, são distintas culturalmente. De acordo com ele, a cultura controla o uso da expressão, impõe regras que são passadas a nós por várias gerações, desde muito pequenos. Algumas são aprendidas naturalmente pela comunicação não verbal.

O incrível é que há pessoas que aprendem que chorar é uma expressão inadequada e se pegam sorrindo para esconder a dor. Muitas vezes, encontramos pessoas que, para serem aceitas em algumas comunidades, aprendem a esconder a raiva, o cansaço ou o desprazer com um sorriso amistoso e cordial. Tornam-se pessoas dissonantes e, geralmente, incompreendidas.

Em razão disso, não me atenho apenas às expressões da face quando observo. Acredito mesmo que "há mais coisas entre o céu e a terra do que possamos imaginar".

A esses movimentos adquiridos damos o nome de "processo de controle das emoções", tema fundamental na Estação dos Milagres. Daí a importância de entender que a intensidade das emoções varia de acordo com os sentimentos envolvidos. É necessário entender que, algumas vezes, aprendemos a dissimular as expressões faciais e, quando menos esperamos, somos acusados de mentir, de sermos falsos e que descrever as emoções seria aparentemente simples, se não fosse um processo muito complexo que depende da experiência pessoal de cada um.

Capítulo 21.
O saco das emoções

Em alguns momentos da vida, quando perguntam como nos sentimos, respondemos com a palavra "confuso". Se todos reconhecessem assim facilmente que estão no estado de confusão, as relações seriam menos conturbadas.

A palavra "confuso" significa que não sabemos muito bem o que queremos, ou o que realmente sentimos. Os sentidos não captam com nitidez o que ocorre dentro de nós.

Na Estação dos Milagres, os confusos aprendem a reconhecer esse estado e a buscar ajuda. Têm, na memória, que o recurso anterior era o impulso, movimento automático, para o alívio do desprazer. Hoje, na busca do prazer sem consequências desprazerosas, são mais cautelosos. Respiram fundo, pensam na possibilidade de esperar o momento adequado para decidir a melhor direção a seguir. Em contrapartida, os que estão à sua volta, avisados e conscientes do que acontece, ao invés de pressionar, saberão respeitar e esperar a hora certa para retornar ao assunto gerador do estado de confusão.

O saco das emoções

É, seria fácil, se fosse tão simples assim. Pois nem todos conseguem perceber essa confusão interna! Corpo e alma estão em total desalinho. Alguns, por não perceberem esse estado, vão acumulando uma quantidade tão grande de sentimentos, que ultrapassa o limite do suportável. A dor torna-se tão intensa, que acreditam já não sentirem mais nada! O ego se apossa do corpo e a alma, esgotada, silencia. Vão empurrando a vida, como se isso fosse possível. Eis que, em algum momento, se veem tomados por uma avalanche de emoção. Pode ser raiva, medo, fúria ou culpa, desespero, euforia... A alma, impotente e solitária, sufocada pelo corpo, sofre. Por uma gota d'agua agem impulsivamente. Consequentemente, causam danos às relações e a eles mesmos. Sem perceberem esse acúmulo de sentimentos, desenvolveram o que chamo de "saco das emoções".

Como isso acontece? À medida que respondemos passivamente a cada situação, ou "engolimos" para evitar confusão, ou mesmo, sem pensar, "deixamos para lá" determinado acontecimento, o sentimento correspondente é acumulado no saco das emoções.

Encontros e acontecimentos, inevitavelmente, geram sentimentos. Ou aprendemos a reconhecê-los e a lidarmos com cada um deles, ou um a um serão guardados em um só saco.

O saco das emoções

Com o tempo, a diversidade de acontecimentos e sentimentos acumulados indiscriminadamente torna-se um emaranhado de consequências pendentes na vida. Eis que o saco fica lotado e insuportável de carregar. De um modo ou outro, necessita ser esvaziado. E será! Vejo três saídas:

1. Implodir ou paralisar, consequentemente, enfraquecer o sistema e abrir as portas da doença, tanto física quanto psicológica. Essa emoção acumulada pode passar por três processos: raiva, mágoa e, finalmente, depressão.
2. Dar nome e expressão à emoção desencadeada pelos sentimentos acumulados no saco. Como resultado, explodir ou despejar os sentimentos de forma indiscriminada e, consequentemente, machucar-se ou machucar quem está próximo e iniciar um novo saco.
3. Decifrar e nomear os sentimentos um por um, com muito cuidado. Fa-

zer um furinho no saco e retirar um sentimento de cada vez. É importante observar que há casos em que a película que envolve o saco pode estar muito enrijecida pelo tempo. Há casos em que o tal furinho não consegue ser feito a partir de uma boa conversa com um profissional habilitado, mesmo acrescido da prática de atenção plena *(mindfulness)* Nesse caso, pode ser necessária a avaliação psiquiátrica, para que o furinho seja feito com mais facilidade, concomitante aos atendimentos com o psicólogo, para que o saco das emoções seja esvaziado corretamente e a medicação, gradativamente, retirada.

Lembro, ainda hoje, do *e-mail* que recebi de uma grande amiga. Excelente psicóloga. Na ocasião, estagiava comigo, na Estação dos Milagres.

O saco das emoções

Eu vinha passando por um dos momentos difíceis que a vida prepara para nós. Estava em terapia, cuidando de mim e zelando para manter o que havia sobrado. Ainda não estava pronta para enfrentar as perguntas ou os olhares inesperados das pessoas.

No *e-mail*, ela dizia que percebia que algo sério estava acontecendo em minha vida. Dizia que, comigo, aprendera a descomplicar. E que percebia que um silêncio desconhecido pairava sobre mim, quando não estava em atendimento na estação.

Ao ler aquela carta, me senti reconfortada. Senti que a solidão que me atormentava era só minha, fruto dos pensamentos, da minha imaginação. Percebi que eu não estava realmente só, alguém olhava para dentro de mim.

Optei por responder usando o Jair Brasil, personagem fictício, que usávamos nos atendimentos em grupo.

— *É, amiga, isso é a vida! Bom sentir que tenho amigos por perto. O mais importante é saber que, na jornada da vida, uns entendem, outros fingem que não entendem, outros não querem entender e, o melhor ou pior, há aqueles que não estão nem aí. Sabe, o "Jair Brasil" tem muita coisa para falar, mas aprendeu no tratamento que, quando o saco das emoções está muito cheio, o certo é fazer um furinho e ir deixando sair um sentimento por vez. É isso aí. Um dia de cada vez! Fui atropelada pela vida e ainda estou cuidando das feridas muito abertas. Quando chegar às fraturas, talvez fique mais fácil. Só aí, quem sabe, me sinto mais forte para pedir aos amigos para assinarem o meu gesso.*

Capítulo 22.
Você pode mudar sua vida mudando a maneira como pensa sobre ela

"A maior descoberta da minha geração é: um ser humano pode mudar sua vida, mudando sua atitude mental."

(William James)

Tenho um verdadeiro encantamento pelos trabalhos de William James. Jamais será ultrapassado, na minha opinião. Sempre uma brilhante reflexão.

A ação parece seguir-se aos sentimentos, mas, na realidade, a ação e o sentimento andam juntos e, regulando-se a ação, que está sob o controle mais direto da vontade, podemos, indiretamente, regular o sentimento, quando não o está (James, 2007).

Em outras palavras, não podemos modificar, instantaneamente, as nossas emoções apenas porque decidimos e pronto, mas podemos modificar os nossos atos.

Quando mudamos nossa maneira de agir, automaticamente mudamos nossos sentimentos. Quando compreendemos os sentimentos que estão envolvidos na emoção, trabalhamos

> Você pode mudar sua vida mudando a maneira como pensa sobre ela

um a um, baseados nos objetivos que temos em mente. Assim, passaremos a agir e a sentir de modo favorável a atingir as nossas metas.

Lembro de um passageiro, cliente, que, todas as vezes que colocava a chave na porta e percebia que estava com o ferrolho passado, tocava a campainha insistentemente e já entrava em casa furioso com vontade de quebrar tudo. Na realidade, era surpreendido pelo saco das emoções. O pior é que aquela emoção era maior que ele e sempre que explodia ficava arrependido. Conversávamos muito sobre o fato de que não era raro. Sua mulher sempre passava o ferrolho na porta da rua quando ia para o banho, porque tinha medo de que entrasse um ladrão e a pegasse despida, como acontecera com a mãe de uma velha amiga. Já ele não se conformava e cada vez tinha uma reação pior. Fato é que era doloroso para os dois. Aquele acontecimento era pequeno demais para tamanho escândalo. Conversando, fomos pontuando vários sentimentos amontoados no saco de emoções.

Ele crescera num lar altamente disfuncional, sua mãe com medo do marido alcoolizado tinha o hábito de trancar a porta da casa para se proteger, e ele muito pequeno achava que o pai não poderia voltar. **Impotência!** A mãe sempre nervosa do lado de dentro da casa dizia em voz alta que ele se trancasse no quarto até ela avisar. Ele ficava muito **inseguro** sem saber o que fazer, pois ao mesmo tempo que queria proteger a mãe tinha **medo** de desobedecê-la. Enfim, pouco a pouco fomos trabalhando cada sentimento encontrado no saco das emoções. Insegurança, impotência, frustração, vulnerabilidade, ameaça, apreensão, preocupação, ansiedade, medo, raiva, e só ele sabia se incluiríamos amor e, quem sabe, dor.

Os sentimentos e os pensamentos avaliam e julgam as coisas. Treinamos tantas funções! Desde muito pequenos, nos ensinaram tantas coisas, mas esqueceram de nos ensinar a prestar atenção ao que sentimos e a decidir o que fazer com o resultado.

Capítulo 23.
A vida não é para ser justa

Há pouco tempo, tive a certeza de que a vida não é para ser justa. É isso mesmo! A justiça é invenção do homem.

A vida também não é uma questão de merecimento. Pare e pense com atenção! Há quem não mereça nem o chão que pisa e tem tudo que quer. Há os que merecem tudo, e nada têm. Se as pessoas não esperassem tanto pela justiça da vida, não haveria tanto sentimento de autopiedade solto por aí.

Conclusão, a vida é um processo pelo qual todos nós passamos, e a grande meta deve ser saber desviar das barreiras ou removê-las. Se desembaraçar das situações de conflito.

Viver bem é aprender a atingir o equilíbrio e mantê-lo. É saber se relacionar com a diferença e aceitá-la. Enfim, é ter coragem para entrar no túnel em direção às mudanças que nos dão dor e prazer, mesmo sem saber quando iremos encontrá-las e em que condições. É seguir com fé, sem ter medo da mudança, acreditando que o destino é viver a vida...

A vida não é para ser justa

Se o que sentimos é dinâmico, e em grande parte resultado do meio em que vivemos, aprender a desembaralhar os sentimentos contidos no saco das emoções é de grande ajuda. Claro que nem todos irão querer usar as cartas do jogo de sentimentos, mas garanto que é um facilitador.

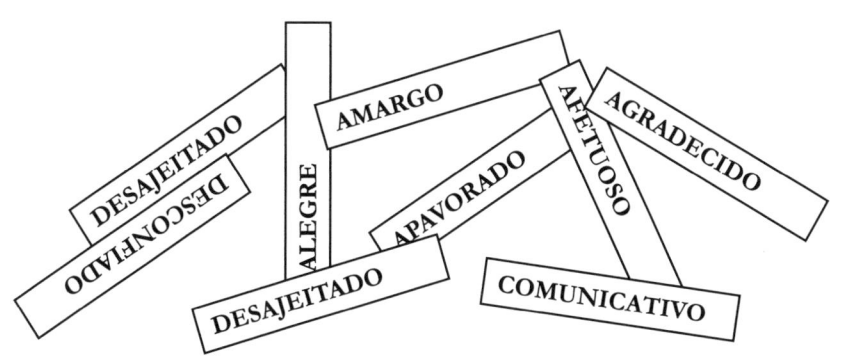

Capítulo 24.
O ego e a alma

E aí, quem esteve na estação até aqui?

O ego, que nos ajuda tanto no período de crescimento, que nos impede de agir por impulso, e que, se não soubermos usá-lo equilibradamente, pode ser um desastre?

Ou a alma, companheira constante, refém do corpo enquanto vive, e que não tem cor, não tem rótulos, é dor, prazer, compaixão e amor?

Tempos de pandemia, semana 1. Caminho lentamente pela casa, atendo pelo celular repetidamente. Sinto a casa invadida pelas vidas angustiadas que aparecem na TV, que nunca ligo, a não ser para filmes e música, mas, que nesse momento de incertezas, estava ligada constantemente, para que pudéssemos acompanhar as notícias que não traziam nenhum alívio, apenas tensão, brigas, discórdias e números. Mortes aos borbotões.

Repentinamente, sinto como se estivesse sendo bombardeada por pensamentos dissonantes. Se por um lado estava serena, vivendo um dia de cada vez, por outro havia uma série

O ego e a alma

de interrogações. Como você vai cumprir com os compromissos? Como você vai manter o consultório sem usá-lo? Como vai poder visitar seus filhos e netos que estão tão distantes? Era uma infinidade de "como...?". Não havia "porquês". Todos apenas relacionados a mim.

Repentinamente, percebi que estava vivendo um conflito inédito. Graças ao mundo parado, e ao barulho do silêncio, conseguia escutar o desafio entre meu ego e minha alma. Afinal, era meu ego que fazia cobranças, que me ameaçava com milhões de comandos, comparações, críticas e elogios. Sim, elogios que inflam o ego e afogam a simplicidade da alma.

Eram sentimentos contraditórios. Os que mais pesavam eram impostos pelo ego, vaidoso, egoísta e questionador. Só não eram piores porque eu já vinha, há um bom tempo, passando um peneira nos pensamentos e eliminando os que mais causavam isolamento e dor, isto é, rótulos e preconceitos. Era como se estivesse vivendo nos tempos de "salve-se quem puder".

Aquela não era eu. Era uma pessoa infantil, parecia um robô, agia como um autômato, cumpria tarefas sem se dar conta do que sentia.

Por outro lado, havia um coração assustado, acreditando que para tudo havia uma razão, era impotente diante da necessidade de quarentena e só me restava viver um dia de cada vez como se não houvesse amanhã. Realmente não havia, pois famílias inteiras estavam sendo assoladas pela perda repentina de alguém querido.

Por que será que o ego e a alma só entram em acordo quando se libertam da ignorância e entendem que a morte está aí para todos? Esse poder superior, que tanto admiro, nos pregou essa pegadinha, viver como se não houvesse amanhã, ao mesmo tempo que o amanhã pode ser a morte que só aos tolos surpreende.

Houve um momento em minha vida em que uma amiga, ao me ver sorrir, um dia de cada vez como se não houvesse amanhã, sabendo que eu carregava no peito um amor infinito e na cabeça uma espada que ameaçava com a

O ego e a alma

certeza da morte, perguntou: mas, e você, como vai ser quando ele for?

Foi um susto escutar aquela pergunta, não entendi nada na hora. Eu estava vivendo o melhor da vida, um amor sereno, alegre, leve, sem questionamentos infantis, de plena aceitação. Por que alguém nesse estado de plenitude iria se permitir atormentar pela partida que desde que nascemos era certa? Se todos entendessem que o amanhã pode ser sinônimo de despedida, viveriam o hoje com simplicidade e sabedoria. Sentir o sabor do amor com plenitude não tem preço.

Hoje carrego a alma cheia de histórias, bem e não tão bem vividas. Sinto na alma a leveza de ter vivido a riqueza dos sentimentos, entendi que há os que sobrevivem com a alma a serviço do ego, e há os que vivem com o ego a serviço da alma. Afinal, como você vem vivendo? Como você escolhe viver para embarcar na estação? Quem esteve na estação até agora: seu ego ou sua alma?

Capítulo 25.
Dar leveza à nossa dor

Será que falei de tudo e não falei de amor? Impossível! Tudo o que está escrito aqui tem uma dose de amor. Sentido, pensado, vivido, conquistado e, acima de tudo, muito dolorido. O amor foi a base de todas as ideias aqui contidas. Ele, o amor, foi a razão do trabalho e da busca do jogo para facilitar o encontro com seus verdadeiros sentimentos. Você pode fazer sozinho.

Foi o amor que extraiu a motivação para que eu pudesse pensar e desejar entender, caminhar junto e facilitar a entrada de cada passageiro da Estação dos Milagres, no vagão em direção à mudança.

Foi o amor que retroalimentou a minha vida, e, ao mesmo tempo, deu vida ao meu trabalho. Da mesma forma que removeu barreiras para manter-se vivo, o amor me impulsionou e me ajudou a ultrapassar cada etapa vencida até aqui. Quando tropecei, cambaleei, mas não caí, foi na lembrança desse amor, que estava escondido, que me apoiei. No entanto, mesmo todo o amor do

Dar leveza à nossa dor

mundo não consegue, sozinho, manter a direção. Sem o humor, não acredito que teria conseguido manter as metas alcançadas. O amor nos conquista, mas o amor com o senso de humor nos mantém. Juntos, amor e o humor dão leveza à nossa dor.

Fazia, na estação, um trabalho em grupo. Atendíamos uma média de 30 passageiros naquele horário. Era cedo, e todos estavam ali para se tratar.

Mas faltava *ele*. Era puxador de samba, tinha um vozeirão lindo. Estava ótimo, tinha encontrado a vida saudável e sempre trazia as suas conquistas. Conhecer melhor a filha, experimentar o amor sem aditivos. Encontrar os amigos já não era uma tortura. Aproveitava todos os momentos da vida. Era um cara incrível! Conseguia ser um "duro" milionário. Continuava conosco no grupo porque sentia que se fortalecia.

Naquele dia, o tema era sobre a vida e as barreiras que podemos encontrar no caminho.

Risos. Não sei o que aconteceu! Repentinamente, falei *"Viver (...)"*, em ritmo de Gonzaguinha, *"(...) e não ter a vergonha de ser feliz (...)"* e, quando percebi, todos sentados, num tom tranquilo, cantavam comigo o refrão:

"Viver e não ter a vergonha de ser feliz!
Cantar a beleza de ser um eterno aprendiz!
Eu sei que a vida devia ser bem melhor e será!
Mas isso não impede que eu repita:
é bonita, é bonita e é bonita!"

Em seguida, batem na porta e me chamam para atender, urgentemente, o telefone, na secretaria:

— *"Doutora", ele nos deixou essa madrugada. Achei estranho ele não se levantar para ir ao grupo. Ia com tanta alegria. Estava sereno. Quando fui acordá-lo, vi que havia partido...*

Desliguei, muito sentida e emocionada. Havia, em mim, um misto de tristeza e aceitação. Ao entrar na sala, todos perceberam meu olhar.

Dar leveza à nossa dor

Foi ao amor com humor que recorri naquele momento. Relatei o ocorrido e concluí, dizendo que, antes de partir, ele quis se despedir. Veio nos fazer cantarolar, puxando aquele samba para nós.

Enfim, o amor e a fé têm sido o fio condutor da minha vida.

Espero que, em cada sentimento descoberto e a cada etapa vencida, você reforce a esperança, a fé e resgate, cada vez mais, o amor e o bom humor que existem e estão dentro de você.

Desejo que você guarde na sua memória o valor do ego e da sua alma. Lembre-se! Sempre que se sentir desconfortável ou afogado de emoção pergunte: afinal, como você vem vivendo? Quem está a serviço de quem? Sua alma está a serviço do seu ego? Ou o seu ego está a serviço da sua alma?

Referências bibliográficas

BERGSON, Henri; PAUL, Nancy Margaret; PALMER, W. Scott. **Matter and memory**. Courier Corporation, 2004.

EKMAN, Paul. **A linguagem das emoções**. São Paulo: Lua de Papel, 2011.

FREEMON, Frankreem. **Stanley Cobb: a builder of the modern neurosciences**. JAMA, v. 253, n. 14, p. 2137, 1985.

GOLDMAN, Daniel. **Emotional intelligence**: why it can matter more than IQ. Bantam Books, 1995.

HANH, Thich Nhat. **No death, no fear**: comforting wisdom for life. Penguin, 2003.

JAMES, William. **The principles of psychology**. Cosimo, Inc., 2007.

KABAT-ZINN, Jon. **Mindfulness**, v. 6, n. 6, p. 1481-1483, 2015.

RODRIGUES, Aroldo; ASSMAR, Eveline Maria Leal; JABLONSKI, Bernardo. **Psicologia social**. Editora Vozes, 2022.

ROKEACH, Milton. **Understanding human values**. Simon and Schuster, 2008.

SOLOMON, Robert C. **True to our feelings:** what our emotions are really telling us. Oxford University Press, 2008.

Livraria
Insight

Este livro foi composto em Garamond,
em corpo 14, para a livraria insight